錢滾錢系列 ❶

股市獲利
一日通

許啟智◎著

【自序】

　　對於大多數的股票投資人而言，有關股票分析的書籍其實並不欠缺，但是大部分的股票書總是把股票市場寫得高深莫測，也讓投資人在操作股票時如履薄冰，許多股票投資人不僅無法從股票投資得到財富增值的利益，反而讓自己辛苦累積的財富受到損失。

　　股票投資和其他行業一樣，基本功可說是最重要；聯經出版公司深知大多數股友需要一些入門、淺顯、易讀的基本入門財經書，邀請筆者以最簡單、容易了解的方式一步步帶領投資人進入股市及其他相關的投資領域，並透過彩色圖解方式，讓就算是對投資市場十分陌生的投資人也能逐步了解股市的相關運作，提升本身應具備的投資風險意識和基本的認識。

　　筆者曾在《經濟日報》及相關財經媒體工作多年，對於股市也有十數年投資經驗，相信如果有適當的好書，及早了解正確的投資觀念，透過良好的指引，如同釣客拿到好的魚竿，也有好的垂釣技巧時，想要有豐碩的漁獲上門自然變得容易。

　　筆者對於提供投資人初階、進階的投資圖文書系列寫作有高度的熱忱，相信讀者透過聯經出版公司持續出版的圖文書，將更深入了解各項投資工具的內容及操作方式，有助於在投資市場大展身手。

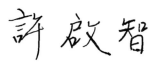

CONTENTS

目錄CONTENTS

第2部 ▶ 股市知多少

第3部 ▶ 投資流程

C目錄NTENTS

第**4**部 ▶ **操作秘笈**

CONTENTS

第 1 部

股票投資面面觀

股票是最迷人的投資標的，在股票市場多頭上升局勢中，股價上揚帶來投資者可觀的帳面獲利；然而，一旦股票下跌時，往往只是一趟紙上富貴。因此，我將帶引你認識股票的多樣面，建立你投資股票的正確觀念。

為什麼要投資股票？

股票具有投資金額少、變現快、快速增值等特性，相對於其他投資標的而言，如果你只是收入有限的上班族，沒有能力開店或從事大事業，透過穩當持續的股票投資，小錢會有機會變大錢，股票是最適合一般人的投資標的，而且股票表彰的就是一家公司股權，一旦你開始買進一檔股票，立即可見的好處如下：

【買股票的好處】

1 股票上漲的利得

大多數股票族最期待的就是股價上漲的利潤，投資人常說「1支漲停板，勝過銀行3年定期存款」，以10萬元來說，1年的定存利息是2,000元（以銀行1年定存利率2%來計算），但如果你買了1張股票10萬元，而你的股票漲停板，你就可以賺到7,000元（1天1支漲停板是7%）。所以股市有句名言「一入股海，終生下海」，許多在股票賺過錢的投資人，就難忘懷「股海」的甜蜜滋味，這指的就是手中股票大漲時所獲得的上漲利得。

依據美國Money雜誌一項研究指出，如果持有1檔股票超過10年以上，投資人獲利的來源中可能有6成是來自公司股票上揚（資本利得），另外有4成的利潤是來自股利及股息。所以有句股市諺語說：「股市如同馬拉松，有耐力的才會拿金牌。」換句話說，長期投資的人獲利通常優於短線投機者。

2 長期投資領股配息

有些股票短期的表現或許不會大幅上漲，但是每年都有股利可分配，以台塑集團股票而言，不論塑化業的景氣好壞，集團旗下的台塑、南亞及台化等公司大都每年分配2元左右的股利，股價或許相對「牛皮」（即波動不大的意思），但長期股利分配後，累積下來的配股及配息就十分可觀。

上市公司即將除權股票						每 千 股				
每 千 股		停止過戶 期間	過戶地點	股 票	除權 交易日	無償 配發	有 償		停	
有 償 發行價 認購數							發行價	認購數		
-	-	7/22-7/26	公司股務科	台 郡	7/27	120股	-	-	7/	
-	-	7/22-7/26	大 華 證 券	亞 翔	7/27	200股	-	-	7/	
-	-	7/22-7/26	台証證券	裕 隆	7/28	150股	-	-	7/	

資料來源：經濟日報

停止過戶 期間	最後 過戶日	過戶地點	股利 發放日	股 票	除息 交易日	每股現金 股利(元)	停止過戶 期間	最後 過戶日
7/22-7/26	7/21	公司股務科	8/24	亞 翔	7/27	2.00	7/29-8/2	7/28
7/22-7/26	7/21	大 華 證 券	-	大 毅	7/28	1.20	7/30-8/3	7/29
7/22-7/26	7/21	群 益 證 券	8/19	中華化	7/28	0.30	7/30-8/3	7/29
7/22-7/26	7/21	元 京 證 券	9/10	裕 隆	7/28	2.35	7/30-8/3	7/29
7/22-7/26	7/21	建 華 證 券	8/30	同 開	7/28	0.70	7/30-8/3	7/29
7/22-7/26	7/21	建 華 證 券	-	美利達	7/28	0.50	7/30-8/3	7/29
7/22-7/26	7/21	台 証 證 券	8/13	東 和	7/28	0.70	7/30-8/3	7/29
7/22-7/26	7/21	中 信 銀	8/20	川 飛	7/29	0.05	8/2-8/6	7/30
7/22-7/26	7/21	大 華 證 券	8/13	宏 基	7/29	2.53	8/2-8/6	7/30
7/22-7/26	7/21	統 一 證 券	8/25	世 平	7/29	0.50	7/31-8/4	7/30
7/22-7/26	7/21	華 南 永 昌	8/27	敦 陽	7/29	1.50	8/2-8/6	7/30
7/22-7/26	7/21	元 京 證 券	-	聯發科	7/29	8.55	8/1-8/5	7/30
7/22-7/26	7/21	建 華 證 券	-	蔚華科	7/29	1.80	8/1-8/5	7/30

資料來源：經濟日報

3 增長知識和膽識

投資如同企業經營一般，要有充分的知識和膽識才能成為投資高手，從事股票投資會讓一個人更關心企業經營、政經局勢變化和了解各種產業的趨勢，優秀的股票投資人大都擁有高度的好奇心和求知欲，對於各種產業、財務知識追根究柢。股票持有人雖然不直接參與企業經營，但也能透過股市投資了解企業經營和管理者的能力，對於經營良好和經營不善企業間的差別分析了解，見賢思齊，提升本身知識和膽識。

股票和其他投資工具比較

股票與常見的投資標的相較之下，股票投資具有適合小金額投資人的特性，因為不論買不動產、開店或是從事事業投資，在目前房價居高不下，產業中大型化下，小額投資人幾乎難有開展的空間，至於黃金投資，由於資訊不易蒐集，且買賣間差價大，也不具有好的投資特性；所有投資專家都能認同股票是小額投資人、上班族致富翻身的希望所在。

投資標的	難易度
股票	容易
黃金	容易
房地產	高
開店	高
事業投資（投資廠房、生產事業等）	高

所需金額	變現性	增值潛力	風險
小（1張股票由數千元至每張20萬元的高價股不等，只要1萬餘元就可買到好股票）	容易	高（股票波段漲幅大，好股票常在短期出現數倍大漲可能）	高
中（金價價位不定，1兩黃金目前約1.5萬元，隨市價價位浮動）	容易	中（黃金產能較大，投資人通常以保值功能為主，漲幅不若強勢股驚人）	中
高（目前台北市區中古屋至少400萬元以上）	稍低（房地產出售須找到適合買主，與股票和黃金相較，相對稍低）	中（台灣房地產有供過於求的趨勢，房市出現2成漲幅算是大漲走勢）	中
高（一般租店裝潢至開辦至少四、五十萬元以上）	極低（店面轉讓時往往須大幅認賠，不易找到有意接手的買家，變現能力差）	高（店面營運得當，受顧客歡迎時，往往可以一、兩年還本，利潤可觀）	高
高（大型工廠等數千萬至上億元十分常見）	最低（事業投資失敗往往全部虧損，變現性最差）	高（投資事業順利時，可望股票上市、上櫃，股價上升時，可能帶來千百倍利潤）	高

小錢也能投資股票嗎？

在股票市場中，本錢多的可以買高價股，即「百元俱樂部股票」，本錢不充裕的可以投資中價股，至於剛踏進股市的人也不用擔心，也有許多雞蛋水餃股可以供你細細挑選。不過一檔股票會成為一股上百元股可能有良好的獲利支撐，而一股3、5元的雞蛋水餃股可能是獲利不佳，甚至有公司人謀不臧的情事發生，才會讓股價跌破10元的面值，所以挑選時，必須謹慎。

高、中、低價股的區分

股價區間（個股面值）	
股價＜10元	
10元 ≦ 股價＜20元	
20元 ≦ 股價＜50 元	
50元 ≦ 股價＜100元	
100元 ≦ 股價	

註：以2004 年11 月10日股價為依據

股市的特性就是不論高低價股，隨時都可能會有股價變動，整體市場熱絡時，低價股也會高漲；政經環境不佳時，高價股也會走跌；對於影響股價形成的更多因素，會在後面的章節中逐步讓讀者了解。

具代表性的股票	投資一張股票所需資金	股價形成原因
茂矽電子、嘉裕等	1萬元以內	經營不善、產品缺乏競爭力，或是空頭市場導致股價偏低
正隆紙業、中華航空、統一食品等	1萬元～2萬元	股市最大的族群，經營績效尚可，但缺乏強大競爭能力
中國鋼鐵、遠東集團股、陽明海運等	2萬元～5萬元	具有強大的產業競爭力，有優秀經營成績，可提供股東相當的投資報酬率
國泰金控、華碩電腦、廣達電腦等	5萬元～10萬元	產業龍頭，具有超強競爭實力，能在特定領域占有廣闊市場
聯發科技、大立光電、關中等	10萬元以上	具有高獲利產品，有市場獨占能力及可能是特定行業領導品牌

買一張股票要花多少錢？

以目前台灣的股票市場而言，買進1張股票就代表1000股，而目前股市報價是以一股為單位，投資人若是買進1張股票時，應當支付的價金是：股價×1000股。舉例來說，假設茂矽股票每股報價3.5元，台積電股票是52元，各買進1張，則茂矽股票需要的價金：3.5元×1000股＝3,500元，台積電為52元×1000股＝52,000元，若你有27萬元，你可買進茂矽股票約7.7萬股（27萬元÷3,500元≒77張），相同的資金可以買進約5000股（27萬元÷5.2萬元≒5張）台積電。

股票和其他金融商品有何不同？

股票本質上是屬於金融性產品，和其他金融產品相較，股票具有中度風險、高流動性且可以具體分析的特性，因而在世界各國金融市場裡，股票都是投資大眾最喜愛的投資工具。

	股票
投資金額	低（以茂矽電子股票而言，只要不到1萬元就可買到1000股）
投資報酬率	中（漲停板可賺到7%）
投資難易度	中等（必須了解公司產業背景、財務狀況、經營者能力等因素）
風險程度	中等（個股股價表現不好時，可以長期投資領取股息股利，降低投資風險）
變現性	強（賣出後的第三天就可取得賣出股款）
所需知識	高（必須了解公司各項發展、營運前景及同業競爭力等，必須運用心思研究）

股票 vs. 其他常見金融性投資工具

共同基金	銀行存款	期貨	選擇權
低（許多基金公司可辦理 每股扣繳3,000元的定期定額方式購買基金）	不定（以100元開戶即可成為銀行存款戶）	較高（一口台指期貨保證金可能在7萬至10萬元不等價位）	極少（買一口選擇權大約只需3,000至5,000元不等）
中（以指數基金而言，股市上漲2%時，基金的漲幅也約是2%）	低（銀行一年期定存報酬率不及2%）	高（大約是股票漲停的十倍獲利，一口期貨漲停板時，獲利約是原始保證金的70%）	高（獲利倍數更高於期貨，如果買對方向時，一口報酬率可達140%左右）
易（將資金交由專業基金經理人操盤，須支付相關費用，可依基金淨值贖回，交易規則十分容易）	易（至銀行櫃台開戶即可辦理）	高（要詳細研判市場多空走勢，必須研讀多種資訊作為操作依據）	高（與期貨相同，必須對市場訊息充分蒐集才宜進場操作）
中等（基金投資多種股票，往往可以分散投資風險）	甚低（即接近無風險的資產）	非常高（期貨是用保證金擴張信用獲利，下跌時可能迅速將保證金全部虧蝕）	非常高（選擇權的買方最大的損失就是全部的權利金，也就是本金全部虧損）
強（賣出基金後即可在次日或第三日取回資金）	完全可變現（即可隨時提領）	強（當日即可清算損益，可隨時領回款項）	強（當日即可清算損益，隨時可領回款項）
中（對於景氣及基金投資標的大約狀況仍應了解）	低（須了解各銀行的存款利率概況）	高（須研判相關投資指標等、訂定停利、停損策略）	高（必須判斷大勢後研擬適切的交易策略）

長期投資真的會賺錢嗎?

股票市場由於變現容易,且股價的變化快速,讓人難有信心長期持有,但是長期投資績優股,往往也會有十分可觀的獲利,長期投資好股票對於上班或忙於工作的人而言,也是發財的最佳良方,台灣有些知名的好公司,帶給投資人可觀的利得,也讓人見識到長期投資的威力。從下面一個投資案例,你就可以了解長期投資績優股往往獲利可觀。

長期投資獲利的實例說明

林智鈴於民國84年間以每股60元買進台積電10張,共計支付60萬元現金,買進後由於她仍關心台積電營運情況,她認為公司遠景佳,採取長期持有策略,經過9年後,林智鈴日前結算損益如下:

84年原有持股＝10000 股

由於台積電每年均有發股利,林智鈴的台積電股票股數開始發生變化……

85年起台積電股利配發概況		
民國	股票股利（元）	現金股利
85	5	0
86	4.5	0
87	2.3	0
88	2.81	0
89	4	0
90	1	0
91	0.8	0
92	2	0.6

林智鈴持有台積電的股子、股孫持續增加，經過9年後計算如下：

股票股利計算方式

第1年 ➡ 10000股×1.5（5元股票股利）＝ 15000 股

第2年 ➡ 15000股×1.45（4.5元股票股利）＝ 21750 股

第3年 ➡ 21750股×1.23（2.3元股票股利）＝ 26752 股

第4年 ➡ 26752股×1.281（2.81元股票股利）＝ 34269 股

第5年 ➡ 34269股×1.4（4元股票股利）＝ 47977 股

第6年 ➡ 47977股×1.1（1元股票股利）＝ 52774 股

第7年 ➡ 52774股×1.08（0.8元股票股利）＝ 56996 股

第8年 ➡ 56996股×1.2（2元股票股利）＝ 68396 股

現金股利計算方式

股數×現金股利金額

＝0.6元（現金股利）×56996股（2002年股數）＝ 34,197 元

林智鈴的台積電股票投資經過股票股利的複利效果，產生神奇的投資效益，由於每年配股數不斷增加，林智鈴的台積電股票由最初的10000股經過9年後成為68,396股，外加34,197元現金。

林智鈴日前決定將台積電持股全數以每股55元出售……

出清台積電所得＝55元×68396股＝ 3,761,780 元

投資9年台積電的獲利倍數為（3,761,780 ＋34,197）÷600,000 ＝ 6.32 倍

長期投資失利的實例說明

林智鈴的好朋友美莉也效法她的
投資方式，她在民國84年間也以
每股60 元的價位買進1萬股績優
電子股華通電腦，但是經過了9年
投資後，同樣是投資績優股，美
莉的命運和林智鈴卻大不同。

85 年起華通股利配發概況		
民國	股票股利（元）	現金股利
85	4	0
86	4	0
87	3	0
88	2.	0
89	2	0
90	0.5	0
91	0	0
92	0	0

美莉投資的華通電腦股子股孫
經9年後計算如下：

股票股利計算方式

第1年 ➡ 10000股×1.4（4元股票股利）＝ 14000 股
第2年 ➡ 14000股×1.4（4元股票股利）＝ 19600 股
第3年 ➡ 19600股×1.3（3元股票股利）＝ 25480 股
第4年 ➡ 25480股×1.2（2元股票股利）＝ 30576 股
第5年 ➡ 30576股×1.2（2元股票股利）＝ 36691 股
第6年 ➡ 36691股×1.05（0.5元股票股利）＝ 38525 股
第7年 ➡ 38525股×1（0元股票股利）＝ 38525 股
第8年 ➡ 38525股×1（0元股票股利）＝ 38525 股

長期投資損益差別大的原因詳見第102~107頁。

美莉一開始投資華通電腦時也有不少股票股利分配,和林智鈴一樣財富持續增加;但十分明顯的華通配股在民國89年後持續減少,近3年來就幾乎沒配股了,營運不佳的華通在民國93年5月21日時收盤股價是12.05元,美莉決定將華通持股全數以每股12.05元出售,美莉是否有賺錢?

美莉手上華通股的價值
＝12.05元×38525股(2004年股數)＝464,226元

美莉也是長期投資股票,但是股票價值由9年前的60萬元到現在市值只有464,226元,市值只有原來的77.37%,也就是投資9年華通後,原來100元的本金只能拿回77.37元。

464,226元÷600,000元×100%≒77.37%

長期投資難道沒有風險嗎?

長期投資雖是股票投資獲利的重要條件,但絕非每個長期投資人都能有豐碩收益,許多長期投資者仍可能因為選錯投資標的而虧錢,甚至也有血本無歸的情況發生。

股票市場短期風險高嗎？

股票市場和其他金融市場相較，其為短期波動特別大、波段漲跌幅度高、對於各項訊息高度敏感的市場，這些因素相互影響，使得股市被視為是短期風險極高的投資市場。

1
股市波動幅度遠大於匯率市場及利率市場

股票市場若是遇到重大利多或利空時，經常會有整體股市大漲或大跌接近7%的情況；也就是說一天內股票出現大幅的漲跌。但對於台幣匯率市場而言，台幣兌美元升貶1角或2角都是十分大幅度的升貶值，如果以升貶幅度而言，幅度大約只有0.5%（0.2元÷33.5元），因此，就利率市場而言，只要有0.5個百分點的調升或調降就算是大幅度的利率變化。

民國93年320總統大選過後股市一度出現全面重挫，3月22日股票開盤後全面跌停板，整體股市跌幅達7%，造成無量下跌的情況，由此可見人心一旦恐慌時或是興奮看好未來時，股票市場都會有大的波動。

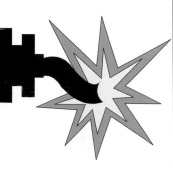

2
股市是對訊息高度敏感的市場

各國股票市場都十分具有連動性，一旦美股、日股大漲時，台股通常也會有亮麗的演出；同樣地，一旦這些股票市場表現不佳時，台股通常也會受影響。此外，有關油價、原物料價格、恐怖事件、國際大廠獲利表現等均會衝擊股市，所以影響股市的因素可說是十分多樣，股市對於訊息接受和反應可說是十分敏銳，甚至經常過度反應。

3
短時間內股票市場就會出現大的波段漲跌

以台灣股市來看，最近一波的漲幅是民國92年4月間，因SARS的風波，台灣加權股價指數由最低點的4044點開始上揚，至民國93年3月4日台股收盤指數是7034點，不到1年的時間，台股上漲73.93%〔即（7,034－4,044）÷4,044〕，漲勢可說是十分驚人。同樣地，股市在2004年3月4日達到高點後，台股也開始走下坡，到5月17日止，台股跌至5482點，共計下跌了28.31%〔即（7034－5482）÷5482〕，可見股市在短期間受到政治利空等因素影響時，也會出現巨大的跌幅。

買股票有什麼利潤？

投資股票的利潤主要是有兩個來源：（1）股票交易上漲產生的股票差價；（2）分配股利收益。

買股票的利潤

1 股票差價

對於較偏向中短期操作的投資人而言，股票差價往往是最主要的收益來源，股票差價產生原因在於你所選擇的股票，也同樣是其他人看好，進場買進這檔股票的投資人遠多於願意賣出這檔股票的投資人，使得股票價位逐步攀高，投資人買進低價後，再以遠高於當初買進的價位賣出，就實現了買這檔股票的差價。

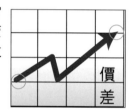

2 股利收益

對於較長期的投資人而言，往往更在意的是長期的股利分享，也就是不做短線差價的追逐，一般投資專家也認為想在股票市場賺到更多的利得，長期投資領取股票收益是比較好的投資策略。一般而言，一家股票上市公司如果結算產生盈餘，均會分配包括現金及股票在內的股利。

上市公司即將除權股票

停止過戶期間	過戶地點	股票	除權	每千股 無償 有
7/22-7/26	公司			
7/22-7/26	大			
7/22-7/26	台			
7/22-7/26	中			
7/22-7/26	大			
7/22-7/26	華			

上市公司即將除息股票

最後過戶日	過戶地點	股利發放日	股票	除息交易日	每股現金股利(元)
7/21	公司股務科	8/24	亞翔	7/27	2.00
7/21	大華證券	-	大毅	7/28	1.20
7/21	群益證券	8/19	中華化	7/28	0.30
7/21	元京證券	9/10	裕隆	7/28	2.35
7/21	建華證券	8/30	同開	7/28	0.70
7/21	建華證券	-	美利達	7/28	0.50
7/21	台証證券	8/13	東和	7/28	0.70

如何著手投資股票？

對於第一次買股票的新手而言，依據下列步驟逐一進行，將可以在股市中穩步築起財富的長城。

買股票的六大步驟

1 蒐集投資資訊

一旦決定進入股票市場就要開始蒐集投資資訊，要投資一檔股票，其充分的投資資訊必須包括：（1）經營者正不正派；（2）產業景氣處於谷底還是高峰；（3）個別公司未來發展性；（4）個別公司的財務結構健不健全。對於投資新手而言，可透過報紙、雜誌書刊以及台灣證券交易所網站（www.tse.com.tw）等管道，先了解想投資的公司其歷史和未來性，多比較幾家後再行決定。

2 可先進行紙上模擬投資

對於新手投資人而言，如果已經選好一檔股票，而尚未投入資金時，可先以一小段時間紙上模擬投資，看看這一檔股票是不是能賺得到錢。紙上模擬投資必須具備下列觀察要點：（1）投資標的名稱；（2）買入數量及價位；（3）股價的波動情況；（4）模擬期間股票對利多及利空反應。如果在模擬期間就發現個股經常有暴起暴落的表現時，這檔股票可能就不是好標的；反之，紙上模擬期間操作順心的個股，可能就是你在投資上容易上手的股票。

紙上模擬表

股票名稱	價位	數量 （買、賣）	每日漲跌	當天有利多 或利空

3 衡量投資金額並分配部位

當你想要投資股票時，首先要衡量自己手上的資金，如何在不影響未來生活水準情況下開始投資。其次是考量如何將這些資金分散投資在幾檔股票上，以適當地分散風險，但也不宜太分散而失去投資效果。如果你初進股市而且可投資的金額不多，這時，可以先從一檔已選定的好股票開始買起，逐步建立你的股票箱。每一個在財富市場發財的人都是從這一步開始的。

4 開始買進個股

當你經由紙上模擬，逐步熟悉自己所要投資的股票屬性，而且已經決定想要買的股票及要買的數量之後，一旦股票到達你認為理想的價位區時，你就可以依照原來計畫，買進 1 張或數張你想要投資的股票。

5 定期檢視持股

買進股票後，你必須定期檢查手上股票的「健康狀況」，就好比一個人必須定期做健康檢查一樣地重要。一旦你發現公司的營業或獲利逐步衰退、股價出現不合理大漲，或是其他市場品牌有凌駕你所投資的公司時，就必須汰換持股。

一檔好的股票會出現下列幾個狀況：（1）每季營業額及獲利穩定持續成長；（2）股價合理，投資會有可預期股利回收；（3）個別公司有足夠競爭力，能在市場中持續領先或有穩定的市場占有率。

6 出脫股票、結算損益

出脫股票後必須結算損益並評估此一個股投資成敗的因果，作為下一次進場投資的參考。

決定出脫一檔股票的主要原因通常是：（1）公司營運能力衰退，個股未來沒有漲升的空間；（2）股價出現非預期的漲幅，超過設定的合理價位，有利可圖；（3）生活財務上變化，急用資金時。

第 2 部

股市知多少

股票是台灣投資人最愛的工具,為什麼股票會讓有些人生活更美麗,卻讓更多人平添憂愁,公司為何要發行股票,我們買賣股票交易對手是誰,哪些機構和股票市場有關,我將在此內容中讓你充分了解股票市場的基本運作。

- 特性
- 種類
- 股市架構
- 交易方式
- 常見術語

股票長什麼樣子？

早期尚未成立台灣證券集中保管公司之前，投資人必須自行保管股票，配股配息時也必須帶股票至上市公司過戶，但目前採取「款券劃撥交易制度」，所有的股票都是集中在集保公司統一保管，投資人如果想看股票的長相，也可向券商申請領回自行保管。

〔 股票的正面 〕

股票發行人◄

通常包括公司的董事長、董事及監察人都須在此簽章。

股票發行日期 ◄

股票何時發行，且必須有公司的大章。

騎縫章◄

股票需要辨識時，比對騎縫章與發行時存根是否相符，是辨識股票真偽的最終方法。

股數◄

除零股外。一般股票都是1張1000股。

股票面額◄

台灣股票的發行面額是每股10元，1張股票的面額大都是1萬元。

公司的標誌
位於股票中間正上方通常有公
司的標誌或標章。

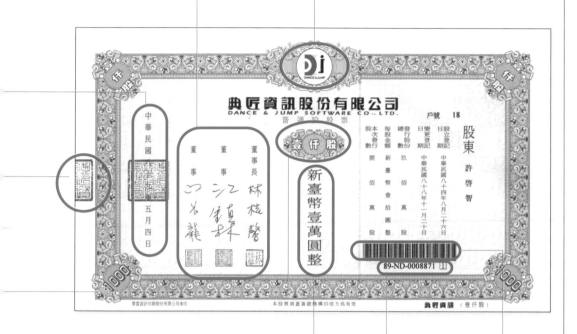

股票條碼
辨識股票真偽用。

股票編碼
每張股票均會有不同編碼,有利股務人員
管理股票用。

股東戶號
股票的股東號碼。

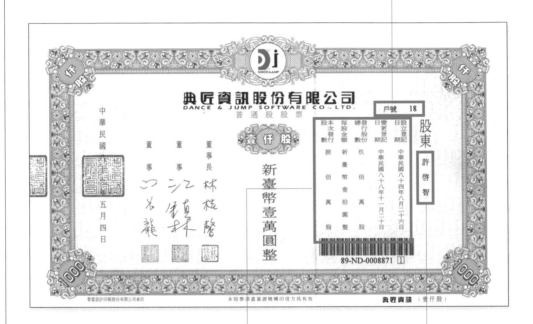

本次發行股數
目前公司這次發行的總股數。

股東姓名
這張股票擁有人的姓名。

每股金額
一律是每股10元。

公司設立日期
這家股份有限公司設立的時間。

公司變更登記日期
公司本次發行股份的時間。

發行股份總數
記載公司目前總發行股數。

〔股票的背面〕

簽證處
銀行出具簽證證明。

出讓人簽章
股票過戶時，賣出股票方必須在此簽章證明。

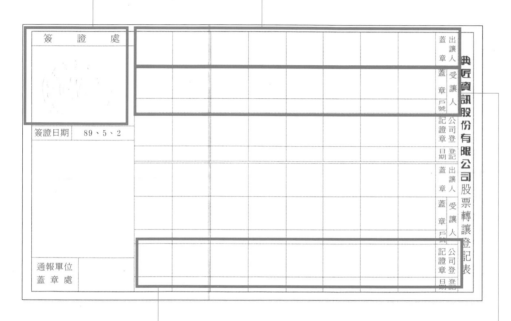

簽　證　處								
簽證日期	89、5、2							
通報單位蓋章處								

典匠資訊股份有限公司股票轉讓登記表

公司登記證章
股票辦理過戶時，股務代理機構會在此處蓋章證明。

受讓人蓋章
股票過戶時，受讓人在此蓋原留印章。

在目前集保作業下，投資人已無保管現股可能遺失被竊的風險，但若是買賣未上市的股票時，仍應該要逐一核對股票上的相關細節，而且必須本人辦理股票過戶，由股務機關確認股票真偽後才能付款完成交易。

公司為什麼要發行股票？

公司集資的方式有許多種，但以股份有限公司發行股票方式集資最為方便。目前台灣有超過1000家的股票上市、上櫃公司和上萬家未上市、上櫃的股票發行公司，而持有股份就可享有公司應得的分紅配息。一家公司公開發行股票通常就是資本公開化、利潤與股東分享的過程，也必須先經過此一過程，才能逐步達到合乎上市、上櫃的標準。

實例說明

從台積電初期發展來看股票形成的過程，並藉此了解一家好公司的原始投資人確實會有百倍報酬的可能……

民國76年

民國76年，台灣積體電路股份有限公司成立並發行股票，主要的大股東有行政院開發基金、交通銀行、中華開發及荷商飛利浦公司、民間企業家王永慶等，每家認購比例不等，其中飛利浦最積極，投資了20億元新台幣，也就是說，未來一旦台積電一如預期賺錢時，這些股東就可依比例分配股利。

民國78～79年間

台積電開展晶圓代工業務，一開始外界並不看好此一業務，因此台積電股價甚低迷，一些民間的投資人看到公司持續發布大幅虧損，在民國78年及79年間，市場出現一股台積電只有8、9元的低迷價位，包括經營之神王永慶也不看好張忠謀的晶圓代工說法，並在股票超過面額10元後伺機全部出脫。

為什麼股票是不錯的集資工具？

一家公司的形成，不一定要發行股票，但依公司法規定，如果公司發起人成立股份有限公司時，就必須發行股票，以股票做為憑證，由股東持有股票數量多少來決定股東權益。

資料來源：Yahoo！奇摩

對於投資人而言，一開始就投資一家好的股份有限公司，如台灣飛利浦早期正確投資台積電普通股股票，由於台積電董事長張忠謀經營得當，經過多年配發股利，飛利浦在台積電普通股賺回了約千億元的資金。

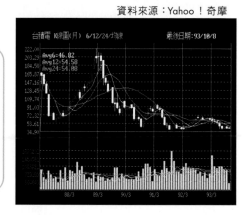

民國89年

民國89年初股價到達200元的高峰，原始投資股東總計配股獲利超過100倍，包括行政院開發基金、交銀、中華開發、飛利浦等經過中長期投資後，紛紛伺機出售，這些堅持投資的法人以及早期眼光獨到在8、9元買股的投資人都賺進了數十倍利潤。

民國80年後

進入民國80年後，科技產業逐漸復甦，晶圓代工產業需求強勁，台積電獲利大幅增長，並在民國83年後開始上市，晶圓代工得到投資人認同，成為台灣股民及外國來台投資客最歡迎的投資標的。

什麼是上市、上櫃、興櫃股票？

一般股份有限公司的經營都會期待有一天能夠上市募資，以台積電而言，在民國83年上市之前，它只是一家經營績效良好的晶圓代工大廠，並不是上市公司。目前上市及上櫃公司只是占台灣公司企業的一小部分，大部分的公司都是未上市公司，其主要差別如下：

股票發行的公司

上市公司

必須符合證期會核可，不論是資本額、獲利能力、股東人數及股權分散數達到一定水準後，經過台灣證券交易所審議通過後，才能取得掛牌在證交所集中市場交易的資格，例如台積電、台塑、南亞等公司都是上市公司。而這類公司所發行的股票，就稱為上市股票。

上櫃公司股票

必須符合證管會核可，在資本額、獲利能力、股東人數及股權分散達一定水準才得上櫃買賣，且必須經由中華民國櫃檯買賣中心審核通過後才得掛牌上櫃，力晶、茂德等都是上櫃公司股票。而這類公司所發行的股票，就稱為上櫃股要。

興櫃公司

由民國92年起增加興櫃股票，興櫃股票基本上仍是未上市上櫃股票，以目前新的制度規定，任何公司要上市上櫃之前，必須先登錄成為興櫃股票，並且必須在興櫃市場交易3個月以上。換言之，興櫃股票是上市及上櫃股票的先修班。而這類公司所發行的股票，就稱為興櫃股票。

公司為什麼要上市、上櫃？

上市及上櫃是許多公司長期目標，全世界的大公司如花旗銀行、IBM、迪士尼等全都是美國的上市公司；而台灣的台塑、台積電、華碩等大型公司也都是上市公司。公司上市、上櫃有如下好處：

上市上櫃的優點

1 吸收大眾資金，擴充營業

台塑集團的六輕計畫、奇美電子擴充TFT-LCD面板六代廠或是台積電（TSMC）發行海外存託憑證，都是由於它們是上市公司，可以透過公開市場募資，取得大眾的資金。奇美電子前董事長許文龍以往雖然堅持股票不上市，但奇美電子上市後募資擴廠時，他頓然領悟道：「大事業真的要到大池塘；就算全部財產投入，也沒有辦法提供足夠的資金擴建奇美新廠。」

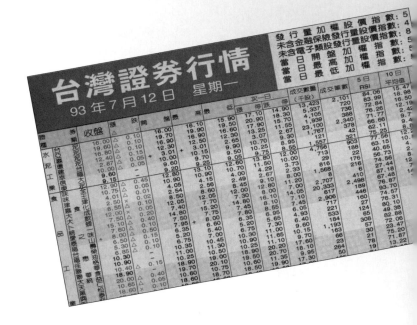

2 債信堅穩，可以取得更佳的貸款額度及條件

上市上櫃公司雖非全無風險，但在競爭能力及商譽上已較其他同業高出一籌才能上市上櫃；就金融授信業者而言，提供資金給上市上櫃公司自然比起一般中小企業來得安全，因此不論在授信額度或授信條件相對較優於未上市公司；對於通過上市上櫃窄門的業者而言，與金融機構往來額度較優惠，且又可利用資本市場辦理現金增資，甚至大型業者也可發行可轉換公司債（CB）、海外可轉換公司債（ECB）、海外存託憑證（GCR）等多樣化金融商品集資，更擴大經營實力。

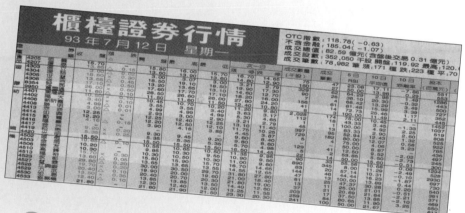

3 品牌可靠，容易尋找一流人才

所謂「良禽擇木而棲」，一家上市上櫃公司由於有足夠品牌形象，因此容易吸引一流人才進駐，使得經營能力更易擴張；同樣徵才，上市上櫃公司由於員工薪水外，還會有員工分紅，這些條件使得一流人才都流往上市上櫃公司，一家公司若無法或不願意上市上櫃，除非產品十分具有壟斷性及獨占性，否則以長期來看，都容易面臨人才流失的經營困境。

投資上市、上櫃公司有什麼好處？

一般來說，對於投資新手或是小金額投資人而言，與其他投資標的相較，投資上市上櫃股票有下列的優勢：

投資上市上櫃公司的好處

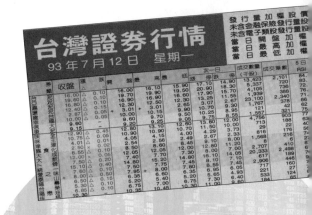

1 資訊透明

上市上櫃公司每月必須公布營收，每半年必須結算財務，全年必須結算出盈虧，並召開股東會，而且如果有重大的經營變化事項還必須公布，雖然並非百分之百透明，但相對於其他投資商品，上市上櫃公司接受的規範較健全，投資人得到的保護較多。

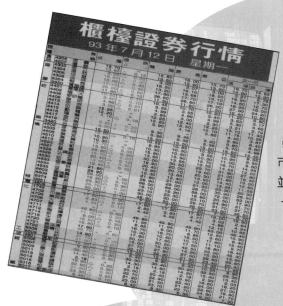

3
分享企業經營成果

雖然你只是小股東,但在股票市場中分享的股東權益與大股東並無不同,在分配股利上比例是一致的,只要公司經營得好,你也可以分享到大企業的經營成果。

2
流通容易

台灣的上市上櫃股票交易通常每天成交值大約在600億至1200億元間,對於小額投資人而言,股票不僅要「買得到」,更重要的是「賣得掉」,台股的成交量相對於外國股市堪稱熱絡,除非有重大利多或利空衝擊,因而一時買不到或賣不掉,否則股票的流通性不會有問題。

哪些機構與股票市場有關？

股票市場要形成一個有效率的市場，必須有相當多的單位形成一套完整的管理、交易及買賣市場，投資人在進行股票交易前也必須先了解這些單位的功能，投資市場必須這些單位都能正常運作後，股票投資人才得以順利地進行交易。

【 證期局 】

證期局全名為「證券暨期貨管理局」，是金管會下屬的一級單位，有關股票及期貨的業務監督及各項事務的最高主管單位。證期局可說是證券王國的大總管，包括台灣證券交易所、櫃檯買賣中心、證券商、期貨商、投信業者及投顧公司均在其管理範圍，台灣證券交易所及櫃檯買賣中心通過的上市上櫃案，最後仍需證期局核准才能定案。至於投信及投顧在交易上若有不法情事，證期局也會將相關案情移送調查局等單位查辦。

【 證券交易所 】

台灣證券交易所是目前台灣唯一的證券交易所，投資人在證券商買賣股票時，證券業者透過與證券交易所主機連線，將投資人的買賣資料輸入證交所主機才能撮合成交。證券交易所並不提供股票買賣功能，它提供源頭的電腦撮合交易系統，因此如果證交所的電腦當機時，投資者買賣單的撮合就會出問題。

證期局主要的功能

（1）監督證券交易所及櫃買中心，使得上市公司及上櫃公司財務透明。

（2）對上市上櫃公司做最後把關複核工作。

（3）監督投顧投信有無不當發言、不當操作影響投資人權益。

（4）審核外資法人、基金等投資台股金額。

（5）查核上市上櫃公司有無不法內線交易情事，並送交法辦。

證期局的通訊

網址：www.sfb.gov.tw

電話：（02）87735100

地址：100台北市中正區
　　　新生南路一段85號

證交所主要的功能

（1）透過強大電腦系統，提供股票買賣單撮合的功能。

（2）審核公司上市或決議讓公司下市；換句話說，證交所中的「有價證券上市審議委員會」審核過關的案件，經證期局核可後即可上市。

（3）提供上市公司財務資訊及重大訊息。一般來說，各家上市公司的財務資訊必須向證交所揭露，而各公司若有重大訊息發布時，也會在證交所記者室舉辦說明會。

（4）記錄集中市場各項交易狀態。

證交所的通訊

網址：www.tse.com.tw

電話：（02）23485678

地址：100台北市中正區
　　　博愛路17號

中華民國櫃檯買賣中心

櫃檯買賣中心與台灣證券交易所類似，櫃買中心設有「上櫃審議委員會」，一家公司能否達到上櫃標準，必須先由審議委員會核可後才准上櫃。櫃買中心同時也提供各家上櫃公司財務及營運資訊，投資人若是要投資上櫃股票時，可至櫃買中心網站先行閱覽各公司的財務報表。除了上櫃公司外，櫃買中心同時也負責管理即將上市上櫃的興櫃股票。上櫃股票、興櫃股票資本額及營業獲利一旦到上市公司水準時，也可由興櫃市場或櫃檯買賣轉到上市集中市場交易。

櫃買中心的通訊

網址：www.otc.org.tw

電話：（02）23699555

地址：台北市羅斯福路
　　　二段100號15樓

證券集保公司

集保公司的全名是「台灣證券集中保管股份有限公司」，所有的上市上櫃公司股票交由集保公司統一保管，投資人買賣股票時不用領取或賣出股票，只要在證券商連線進行集保帳戶的撥付即可，使得股票交易變得更簡單方便。

證券集保公司的通訊

網址：www.tscd.com.tw

電話：（02）27195805

地址：台北市松山區復興北
　　　路363號11樓

證券商

對大多數投資人而言，證券商可說是最熟悉的交易場所了。台灣金融市場由於業者競爭十分激烈，已有超過3000個證券營業地點，使得投資人進行交易十分方便。近兩年來，由於證券業競爭過度激烈，產業開展了一波合併的熱潮，使得大型券商市占率提高，據點增加，中、小型券商營業範圍受限。

證券商的 5 大功能

（1）股票開戶
（2）在營業廳看盤
（3）下單買賣股票
（4）現場下單交易
（5）投資人交易完成後的續款券交割完成

證券商依營業性質的分類

經紀商

只單純提供投資人股票買賣，賺取投資手續費的證券商。

綜合券商

一家完整的綜合券商除了提供投資人股票買賣的經紀商部門外，還有承銷商部門及自營商部門。

承銷商

輔導中小企業上市及上櫃，一旦上市及上櫃核准後，辦理股票公開承銷；承銷商賺取的是公司上市上櫃前的輔導費，以及上市上櫃時以承銷價包銷股票後的股價上漲收益。

自營商

綜合券商的資本額較高，因此也會有部分資金自營股票買賣，賺取股票差額，一旦股市行情好時，自營部門的效益就會十分明顯。

投資人的交易對手有哪些？

投資人在股票市場中經常扮演不同的角色，有時我們買股票，有時我們會賣股票，在市場和我們一樣進行交易的投資者，也就是主要交易對手的行為，我們也必須了解，才能知己知彼，提高贏率。在股票市場中，我們會接觸到的投資人主要如下：

【 一般投資者 】

一般投資人的資訊來源有限，交易及資訊較少，如果再細分就可分為散戶投資人、較具有資金的中實戶，以及參加投顧組織的會員。

1 散戶投資人

台灣股票市場中成交值的7至8成是由散戶投資人創造出來，是股票市場最大的交易力量，散戶投資人一次買賣1檔股票大約都不超過10張（10000股），每筆交易甚少超過30萬元，且經常以借錢（融資方式）來擴充經營。散戶投資人在股市的競爭優勢主要是部位很少，可以快速進出，但由於股市中有太多虛假的資訊，散戶投資人經常是股票的輸家。

●投資金額
不超過30萬元
●單筆交易
不超過10張

散戶在股市中最大的劣勢

（1）缺乏資訊來源，經常追高殺低。
（2）進出積極，手續費及交易稅損失可觀。
（3）持股少而集中，無法分散風險。

2 中實戶投資人

有些散戶投資人由於理財得當，逐漸累積資財，翻身成為中實戶投資人，這些投資人在股市的投資金額超過500萬元，有單筆投資1檔股票上百張（10萬股）的能力，他們會以現股和融資搭配操作，開始重視風險分散管理。

● 投資金額
超過500萬元
● 單筆交易
上百張

中實戶投資人的競爭優勢

（1）交易若能達到一定金額時，券商會退還部分手續費佣金。
（2）券商會提供更充分的交易資訊、貴賓室等專業理財空間。
（3）對於資訊分析有獨到見解，贏率較散戶高。

3 投顧會員投資人

台灣有上百家投資顧問公司，24小時打開電視都有名嘴演講股市行情，參加投顧取得明牌是台灣股市的特殊生態，也就是由投顧老師帶領會員進出，形成有實力的交易團體。參與投顧的優勢是運用眾多會員買進個股可望帶動股票上漲，增加獲利機會，但也會有一些劣勢。

股市大師

投顧會員投資人的劣勢

（1）投顧老師良莠不齊，不小心可能被坑殺。
（2）投顧會員費驚人，頂級會員3個月就可能要5萬元，是一筆不小費用。
（3）投顧老師經常短線進出，使一般人往往無所適從。

大股東、經理人

持有公司許多股份的董監事及其他法人代表、公司經理人是最能洞悉公司營運良窳的一群投資人，掌握公司營運績效及產業景氣動向訊息，他們有向外界發布公司經營情況的義務，但同時在股票交易也受法令的限制，我們可以在報章上透過股東申報轉讓及股東與銀行質借情況，了解部分大股東目前的經營動向。

上市公司董監大股東質權設定						
公司名稱	職稱	姓名	設定日期	設定張數	累積設定張數	質權人
台　泥	董事	中信投資股份有限公司	8/2	3,900	48,030	國際票券金融股份有限公司
台　泥	董事	中信投資股份有限公司	8/2	900	48,030	大慶票券金融股份有限
台　泥	董事	中信投資股份有限公司	8/2	4,500	48,030	台新票券金融股份有限
仁寶電腦	監察人	周永嘉	8/2	350	3,276	巴黎銀行
台新金控	董事之法人代表人	林隆士	8/2	250	6,711	玉山商業銀行股份有限
台新金控	董事之法人代	林隆士	8/2	250	6,711	玉山商業銀行股份有限

三大法人

台灣股市所謂的三大法人是指：（1）外資法人；（2）投信法人；（3）自營商。這三大法人的交易金額雖不及一般投資人多，但三大法人的整體進出金額大，且有專業研究能力，對於股市及產業分析相對較散戶來得敏銳，了解三大法人的進出動態，是股票投資人在任何投資階段都須十分重視的課題。

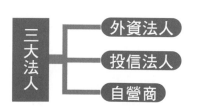

三大法人
├ 外資法人
├ 投信法人
└ 自營商

關於三大法人的買賣動態，台灣證券交易所都會在交易日下午發布，是最重要的投資指標。

1 外資法人

三大法人中實力最大的就是外資法人，外資法人目前持有台灣的股票價值，若依股票市值（股價×股數）超過2兆元來看，約占台股市值

超			資　超		持
張　數	張　數	比率	名　稱	張　數	張　數
47,347	12,460,582	53.30	奇美電	27,605	803,63
37,643	445,044	14.01	台新金	25,658	1,225,05
24,820	215,843	11.64	日月光	22,886	1,793,99
17,682	5,190,703	32.15	兆豐金	21,966	1,130,57
17,415	610,933	5.44	鎰德	18,204	279,64
14,958	356,597	14.00	國巨	15,745	775,33
12,545	494,439	18.78	第一金	13,795	836,14
12,422	958,433	11.53	臺企銀	10,915	24,80

上周外資買賣超排行

比重的2成。外資法人的舉動動見觀瞻，台灣證券交易所會公布外資買賣超股票排名、金額及股數，是十分重要的投資指標。外資依資金來源不同，一般分為：（1）「外國專業投資機構（QFII）」；（2）「境內外外國人投資」；（3）「投信募集的海外資金」三大類。

外資法人

外國專業投資機構（QFII）

是指國外的銀行、保險公司、證券商、政府退休基金等機構，這些機構都是重量級的投資單位，他們的投資金額龐大，如國際知名的摩根銀行、新加坡退休基金、加州政府基金等，都是在台股有一定金額的投資者。

境內外外國人投資

具有華僑身分或外國人資格的自然人或法人，對於台灣股市投資有興趣，就可以申請匯入資金投資台北股市。

投信募集的海外基金

外國投資人想投資台灣最直接的方式就是去買台灣基金公司在海外發行的信託基金，例如國際投信發行的國際全球、荷銀光華投信的福爾摩沙基金等。一旦台股行情看好時，外國的散戶投資人也可經由這些海外基金投資，間接來投資台灣股市，因此在台股熱絡時，這些投信發行的海外基金也會大受海外投資人的歡迎。

2 投信法人

台灣有許多投信公司募集股票型基金,這些股票型基金的基金經理人的工作,就是將投資人的資金拿去買股票,投信法人進出的金額雖不如外資高,但也是投資的重要指標。

單位:千股 上周投信買賣超排行				股　　　票	賣超
股　　　票	買超				
2325	矽　　　品	20,028	2408	南　　　科	4
2311	日 月 光	17,777	2892	第 一 金	1
2352	明　　基	15,054	2888	新 光 金	1
2002	中　　鋼	12,248	1710	東　　聯	
2327	國　　巨	12,140	2316	楠 梓 電	
2449	京 元 電	11,220	1718	中　　纖	
2330	台 積 電	10,674	2384	勝　　華	
2605	新　　興	10,617	2886	兆 豐 金	
2603	長　　榮	9,869	2887	台 新 金	
2609	陽　　明	9,757	2337	旺　　宏	

3 自營商

綜合券商的自營部門負有協助券商獲利的任務,因此自營部門在股票操作活動往往十分積極,因為這些部門主管每年都有達成業績要求的壓力。

單位:千股 上周自營商買賣超排行				股　　　票	賣
股　　　票	買 超				
2303	聯　　電	8,942	2475	華　　映	23
2885	復 華 金	7,993	50	台 灣 50	7
1605	華　　新	5,633	2002	中　　鋼	5
3012	廣　　輝	4,768	2610	華　　航	
2323	中　　環	3,998	2886	兆 豐 金	
2330	台 積 電	3,628	2801	彰　　銀	
2384	勝　　華	2,820	2332	友　　訊	
2409	友　　達	2,075	2884	玉 山 金	
2352	明　　基	2,041	2606	裕　　民	
2311	日 月 光	1,846	2014	燁　　隆	

比起外資法人的2兆元資金,投信股票型基金約4000億元的資金,自營商的部位較小而且進出較頻繁。就中、長期投資者而言,外資法人及投信買賣超是最好的觀察指標。

當股東要留意什麼？

普通股的投資其實也是相當有風險的投資，所以身為股東的你主要要留意下列三種風險：

台灣股市中，營建公司例如太子、國產，紡織公司如東和、華隆，新銀行中的中華銀、安泰銀等數百家公司，都已數年沒有分配股利，這些股票通常價位也十分低迷。許多股票長期都在每股5元至10元間打轉，如果公司缺乏決心改善營運，則股票的投資價值也相對偏低。

股東的風險

1 股價下跌

上市公司股價如果飆漲至十分高價的水準時，就算是好公司股票也可能出現大幅下跌，例如國泰人壽（現在的國泰金控）最高價時每股為1,975元，華碩及廣達都曾每股高達800元左右的價位，雖然這些公司是健全的績優公司，但高價買到的投資人如今想回本可說是遙遙無期。

2 公司倒閉

許多股票族會買到「貼壁紙」的股票，也就是股票上市公司經營不善，宣告下市，這時手上的股票價值全部消失，投資人求現無門，這就是股票族最大的噩夢。投資人在買進股票後，仍須關心公司產業及營運的相關訊息，此外，適當分散風險是必要的，不要將所有資金押注在一家公司身上，免得血本無歸。

3 連年虧損無股利發放

有些股票上市公司經營不佳，上市前營運不錯，但上市後績效逐漸滑落，甚至出現連年營運不佳，沒有股利可以分配的情況，投資人得不到股利的回收，不如將錢放銀行還有利息可領。

股東享有什麼權益？

當你買進一檔股票後，就是一家公司的股東，依公司法的規定，可享有股東的相關權益。當上市公司的股東有下列好處：

〔股東的權益〕

1 盈餘分配的權利

一家股票上市公司如果有賺錢，除了完納稅捐外，依法令提撥保留盈餘、公積後，其餘的獲利就必須由董事會決議提撥盈餘發放給股東，並經由股東大會同意。以台積電為例，民國92年獲利分配2元的股利（1.4元股票股利及0.6元現金股利），如果你持有1000股的台積電，就可以增加140股的股子及600元的現金。因此，對大多數的投資者而言，持有股票最大的好處就是參與股利分配。

2 剩餘資產分配權利

一家公司經營妥慎時，投資人會有盈餘可分，一旦經營不善時，若要辦理清算，依公司法規定，先將剩餘資產償還給債權人，如果公司發行特別股時，特別股的清償權優於普通股，最後仍有剩餘資產才給普通股投資人。

3 出席股東大會表達意見

上市上櫃公司每年至少必須召開一次股東常會,必要時甚至可召開股東臨時會。在股東常會中公司必須公布去年的營業報告、相關的資產負債表、損益表、股東權益變動表及現金流量表等財務資料;股東對於公司經營階層可以提出建議及質問,針對公司營運不佳之處要求改善,股東大會中就算你只有1股股票,也可參與發言,表達意見。

4 認購現金增資新股權利

公司經營良好,擴張營運時,除了向銀行借款外,也可由原來股東辦理現金增資,此時股東可以依據所持有股數的比例認購,例如上市公司股價15元,若是每股現金增資只辦12元,原始投資股東就可因為參與現金增資而獲利。

什麼是現股買賣、融資、融券？

所謂融資就是投資人買股只需要準備一部分自有資金（目前為4成），其他不足的6成資金由證券金融公司提供；至於融券則是看壞個別股票時，向證券金融公司借券，賣出股票，等股票跌至特定價位時再予補回，賺取下跌差價。

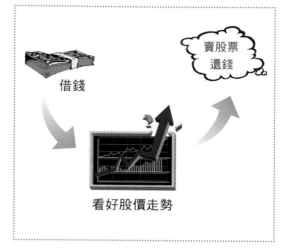

融資

借錢

看好股價走勢

賣股票還錢

VS.

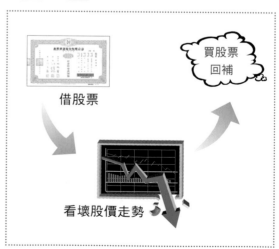

融券

借股票

看壞股價走勢

買股票回補

〘 股票交易的方式 〙

1 買進現股

如果台塑的股票目前每股是50元時，投資人買進1張台塑股票（1000股），就必須支付5萬元（50×1,000）；投資人若是準備了5萬元的股款交割也就是以現金買股票，這就是一般最常見的現股交易方式。

5萬元成本
買進1張股票

2 融資買股

投資人想買台塑股票時，除了買現股外，也可以在開戶時出具相關財力證明，同時開融資戶，利用融資戶買股票時，如果要以50元買進台塑股票，投資人只要準備4成的資金也就是2萬元股款，其他尚欠缺的3萬元股款由證金公司墊借，投資人必須支付借款息；並在股票出售後結算損益，如果股票跌幅過大時，除了自有資金賠光外，連融資的錢都賠掉時，則融資的證金公司會要求你補繳融資款。

2萬元成本＋利息
買進1張股票

3 融券賣股

投資人除了可運用證金公司融資買股外，證金公司也提供股票借券賣出，以台塑1股50元時，投資人可以借券賣出50元的台塑股1張，但須準備45,000元的自備款（也就是9成保證金），如果股價一如預期下跌時，例如跌至30元，你一旦回補台塑股就可以賺到2萬元的差價〔即（50－30）×1000股〕。

4萬5千元保證金
借貸1張股票

我知道多少股市術語？

股票市場有許多專業的術語，想踏入股市的投資人必須先了解這些簡單術語，才能解讀股票的資訊。

股市上漲時常見的術語

打底反轉

股票市場經過一波大跌後，許多股票股價觸底跌無可跌，而經過在低價區一段時間後，股價開始向上攀升，就稱為打底行情或打底反轉。

多頭、多頭市場（牛市）

看好股票的人就稱為多頭，股票強力上升的行情就稱為多頭市場，由於外國人稱股票上升是牛市（Bull Market），因此不論你聽到多頭市場或是牛市，都指一波強有力的股市上漲行情。

解套

許多人會在股市多頭時買股票，如買進每股60元的台積電，但多頭市場並未如預期持續，台積電股價隨後下跌至每股50元，使多頭投資人進入套牢狀態；股價經過一段時間整理後，台積電股價又回升至60元；對於買股投資人而言，股價下跌一段時間後又漲回原來買股價位，可以不虧本來售股時就稱為解套。

軋空

多頭市場最末端時，股價漲勢凌厲，許多人看壞股票，向證券金融公司借券拋空股票，但股價未如預期下跌，反而持續上漲，使得這群看空的投資人必須高價回補股票，稱之為軋空或軋空行情。

利空出盡

在股票市場要揚升前，會有許多有關公司經營、產業變化，甚至非經濟面的不好消息，但股票不受影響，有時甚至消息越不好，股票漲得越強勁；換句話說，所有最不好的消息都已經浮現出來，也就是所謂的「利空出盡」，接下來就是股票上漲的好日子。

股市下跌時常見的術語

利多出盡

股票市場到了上漲最末期時，市場上傳來的都是公司賺錢、接單暢旺的好消息（即利多消息），但是股價已不續漲，而且開始下跌，甚至出現大好消息時，股價跌勢更大，這種狀況稱為利多出盡。

摜壓或出貨

多頭市場末端時，市場大戶或大股東、法人等，會在市場交易熱絡時大筆拋售股票，大筆的售出股票會導致個股價位迅速滑落，因此稱為摜壓或出貨。

空頭、空頭行情（熊市）

股票在經過高峰區後，開始走入空頭行情，此時的股市跌多漲少，經常出現2%以上的大跌，必須賣空股票才能減少損失，稱為空頭或空頭行情，外國人稱為熊市（Bear Market）。

套牢

股票下跌時，有些投資人捨不得賣股，而股價跌破投資成本後，仍持有股票，不願賣出，這種情況稱為套牢。

殺多

空頭市場走勢時，有些投資人仍堅信股價會回升加以買進，但發現走勢不對後認賠殺出，有些人會一邊買，一邊認賠殺出，也就是被空頭市場宰殺的「死多頭」，又稱之為殺多。

2 股市知多少

台灣的股票有什麼屬性？

股票市場個股均有相關的屬性，有些股票就是每天活跳跳、大起大落，有些股票就是交投清淡；有些股票有領導力，有些股票只是小跟班，了解股票屬性，操作上可以更得心應手。

股票主要屬性

成長股

股票價格要上升，最重要的基本因素就是營收與獲利要持續成長，才能夠支持公司支付股息股利，股價也能夠持續上揚。

特色

（1）每個月的營業收入持續創新高，或是與去年同期相比大幅成長。
（2）和同一產業其他公司相比，營業收入成長幅度更大。
（3）營收成長同時，獲利也保持高度成長，這現象顯示營收成長並非來自過度殺價競爭所造成的。

衰退股

衰退股是投資人的投資大忌，這些股票股價會呈現長期一波比一波低的下跌走勢，公司股利股息逐年減退，甚至無股利可供發放。

特色

（1）每個月持續出現營收遞減情況，且遞減金額與遞減速率持續擴大。
（2）和同一產業其他公司比較，遞減速率高於其他公司。
（3）在營收遞減之際，獲利也同步大幅下滑，顯示除了收入減少外，產品也必須殺價求售。

熱門股

熱門股就是成交十分熱絡的股票,每天都是買賣成交的重心股票。

特色

(1)成交股數、成交值均大;每日的股票週轉率到達總發行股數的3%以上。以民國93年初的中華映管股票而言,發行股數有681萬張,曾創下單日成交達60萬張的驚人紀錄,也就是約1成的股數拿出來週轉,股票週轉率接近9%,可說是面板產業中的超級熱門股。

(2)每天盤中會有大幅起落;熱門股由於進出的散戶很多,容易出現大漲大跌的情況,投機氣氛濃厚。

(3)一旦成交由熱轉冷時,股價經常會持續下跌,熱門股成交量開始萎縮時,投資人應退出觀望。

冷門股

冷門股是交易十分冷門的標的,由於成交低迷,股價往往不高,大多數投資人都不會青睞。

特色

(1)成交低迷,每日的成交量可能連總發行量的千分之一都不到,市面上很少有相關個股的訊息。以營運業績不錯的新光保全而言,發行股數達36萬張,但在民國93年4、5月間經常出現每日成交量不及百張的情況,成交量只有發行的萬分之2.7左右,成交量十分稀少。

(2)冷門股由於成交量不大,因此每天盤中價位漲跌不多,如果這檔冷門股業績不錯,更可顯現大股東及長線投資人不願殺低求售。

(3)冷門股如果交易量持續遞增,出現價漲量增的情況時,表示大股東積極看多,通常後市會有一波行情。

轉機股

投資人最愛的股票往往是轉機股，在股票市場中一檔股票由虧轉盈或是接到大訂單等提升營運契機時，股價往往會出現飆漲情況，能讓投資人短期賺到最大收益的就是轉機股。

特色

（1）產業景氣由最寒冬翻升，突然間訂單雪片飛來，也就是在產業轉變的循環點上出現業績大幅回溫情況，造成股價由低檔大幅回升。

（2）股價經常由最低點在相當短的時間上漲數倍，以民國93年的營建股而言，京城建設、宏盛建設由每股5元附近上漲至50元及接近30元，大幅轉機的股票漲勢都十分驚人。

（3）轉機股的暴升走勢一旦後續沒有大幅的獲利提升題材，經常在出現超漲結束後，接著會有一波強烈的回跌整理。

危機股

有些股票看似有轉機，其實是營運已無力回天的危機股，股價一再破底，終至下市成為投資人的最痛。

特色

（1）股價在相當短的時間內就大幅重挫，但公司不願提出說明，或所提出的說明明顯避重就輕，不具說服力，民國93年6月間突然暴出重整的博達股票就是最好的例子。

（2）股價經過一段時間下跌後，經過些許整理也不會出現技術性的反彈，仍是繼續帶量下跌，同期間內出現大量經理人離職、更換會計師、董監事大幅出脫股票、法人全面清倉等不利公司的訊息。

（3）連小散戶都聽到不利公司的傳言，銀行、往來廠商全面緊縮銀根，債權人全面浮出，證券管理單位介入調查。

台灣近年來許多老牌企業如太平洋電線電纜、太平洋建設、台灣茂矽等都發生由好公司逐步變成危機股，都是經歷了危機股三部曲（也就是對股價重跌說詞避重就輕、大量內部人售股、銀行緊縮銀根等三個衰敗過程浮現）才下市，投資人在發生危機一部曲時就要認虧出場，否則屆時公司下市或大幅減資的虧損均將十分可觀。

績優股

股票市場有所謂的績優股，這些股票上市公司營運良好，不論景氣好壞都有穩健的獲利表現，是股票投資人心目中的好學生。

特色

（1）過去5年來獲利穩定，每股稅後盈餘均有1.5元至2元的實力。

（2）股價穩健，績優股享有比市場高的本益比；當整體股票市場平均本益比是15倍時，績優股可能會到達20倍。

（3）績優股長期而言，股價走勢較平穩，長期投資人主要著眼於穩定的配股、配息。

投機股

股票市場有一群與績優股不同的族群，它們是投機股群，是一群表現時好時壞的公司，但也有相當多的投資人偏愛這些股票。

特色

（1）過去5至7年獲利起落不定，受產業景氣衝擊大，有時大賺，有時大賠。

（2）投機股的本益比不穩定，有時嚴重虧損無本益比，景氣好時獲利大增，本益比可能高於市場平均值甚多，因為投機者眾多。

（3）股價經常大起大落，投機客圖的是賺取股價的漲跌，不在乎股息多少。

以台灣股票市場而言，長年配息穩定的台塑三寶、台積電、華碩、廣達，以及金融股中的中信金控、國泰金控等長年均能穩定派發股利，被視為是受台灣投資人喜歡的績優股。

股價起落甚大的如中纖、台苯、力晶等股票，由於產品原料供需變化甚大，股價經常起伏大，對一般投資人而言，具有濃烈的投機氣息，但這些股票股價差價往往甚大，成交量往往較績優股來得熱絡。

價值股

有些公司經營實力強大、資產累積豐厚，長期禁得起市場多空考驗，這是所謂價值型的股票。

特色

（1）本業有堅穩的獲利能力，一般而言，長年有績優股每股1.5元的獲利水準。

（2）長期經營累積資產豐厚，並且運用自有資產來營運，甚至有餘產出租。

（3）股價一般而言屬於平穩，與績優股相同，大都是長線投資人持有。

概念股

有些公司經營實力平平，但是因為特定時空下，成了炒作的標的，也就是概念題材，一旦概念題材消失後，這些「灰姑娘」股票很快就會打回原形。

特色

（1）概念得到認同時，市場主力買盤進入，股價持續大漲。

（2）股票短期間就漲至高點，主力會快速退場，卻套牢大批跟進的散戶。

（3）炒作完畢後，相關概念煙消雲散，股價跌回原點甚至更低點。

台灣典型的價值股就是華南、第一金控等老牌銀行，除了本業獲利良好，多數行舍自有外，更有轉投資股票，閒置的土地可供出租或處分。

台灣這幾年來曾流行一時的概念股有轉投資網路概念股、SARS概念股、三通概念股、高鐵概念股，相關的股票炒作過後幾乎都是跌回起漲點，如果要介入概念股，投資人要眼明手快，絕對不能以長期投資方式操作概念股。

龍頭股

在不同的股群中都有所謂大哥級的股票，也就是龍頭股，它們經常是產業聚焦。

特色

（1）市占率高：龍頭股經常在單一產業的市占率可達3成以上，營業額大，有領導訂價能力。

（2）股價高：龍頭股由於市占大，獲利通常也高，相對在產業中經常是股價較高的股票。

（3）產業興衰指標：產業龍頭股票若是開始營運衰退，整體產業後市可能會看淡，一旦產業龍頭獲利差，下游業者可能就要喝西北風了。

二、三線股

在產業中除了龍頭外，也有二哥、三哥級的股票，這些股票比較不是產業的焦點。

特色

（1）市占率低：由於二、三線大都產能不如一哥，資本募集也相對困難，因此市占率低於龍頭股。

（2）股價遠低於龍頭股：二、三線公司生產規模較小，相對利潤較低，因此股價一般也低於龍頭。

（3）爭取利基生存：有些二、三線公司會避開與龍頭競爭，開拓不同的生存空間，而成為營運表現好的公司。

台灣產業龍頭股中，筆記型電腦有廣達公司，主機板有華碩大廠，金融業有國泰金控，塑化中有台塑集團等，這些公司營運轉弱時，可能其他業者也難有佳作。

以筆記型電腦廠而言，二線的英業達、華宇、倫飛等股價經常在面額10元附近，和龍頭廣達股價相去甚遠；筆記型電腦中，研華公司走工業筆記型電腦，爭取不同生存利基，營運及獲利表現則十分優異。

第3部

投資流程

當你想投資股票，首先你必須前往證券公司開戶，而持有股票後，還必須檢視它的狀況，因為整體市場及個別股票在交易時受到外界資訊、買賣力量影響，價位隨時都在變動，了解股市行情變化，才能掌握買賣股票時機。

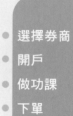

- 選擇券商
- 開戶
- 做功課
- 下單
- 交割
- 檢視持股
- 計算賺賠

如何選擇證券商？

股票買賣交易均須委託證券商完成，目前券商已如同便利超商一般四處林立，在選擇時只要把握以下要領，就可以選擇適當的券商開戶。

選擇證券商的秘訣

1 具有方便性

不論你是上班族、一般家庭主婦或居家工作蘇活（SOHO）族，找尋離工作地點或離家近的證券公司開戶，是最方便的選擇；以目前證券款券採取劃撥方式來看，其實你並不需要前往券商交割。但若出現緊急情況（如帳戶餘額不足等），交通便利、鄰近的證券業者會讓你有充裕的時間來處理緊急事務。

2 尋找大型綜合券商

綜合券商提供業務較一般經紀商多，且有自辦融資融券業務，加上綜合券商大都有投資研究團隊，能提供投資人相關的研究資訊，有助於你規畫投資的方向。

3 提供較多低費率的券商

目前許多券商在股票之外的期貨、選擇權費率均有折扣，而且網路下單的費率通常較電話下單便宜，投資人長期交易下來可節省不少支出。

如何選擇營業員？

營業員主要是提供下單服務，好的營業員應具備下面功能：

營業員應具備的功能

1 能接收買賣單後快速下單

股票行情變化萬千，在股票市場震盪大時，如果不能即時處理買賣單，可能就會產生損失，因此對於你要求的買單或賣單，營業員必須能準確處理。

2 快速回報成交

一旦買賣單無法成交時，必須能迅速回報，投資人可以迅速決定是要繼續處理持股，或考慮先暫時持有此一持股。

建議投資人和營業員成為好朋友，但投資下單決策一定要深思熟慮後，自己來執行。

和營業員往來的兩項禁忌

（1）不要向營業員探詢投資建議

許多初階投資人會誤以為營業員會提供許多好的投資建議，事實並非如此，營業員的功能就是提供交易功能，大多數營業員對股票並沒有深入研究。

（2）不要聽從營業員建議下單

有些營業員會十分主動提供股市消息，鼓勵你下單投資，這樣的營業員會讓你交易過量，產生可觀的手續費及交易稅費用；如果你的營業員是在上班時間也會打電話主動鼓勵你交易，隨時提供股價消息，影響你的工作心思和原來投資規畫，建議你更換新的營業員。

開戶要注意什麼？

當你已經選好證券商及營業員後，接下來最重要的事就是前往號子（即證券商）辦理開戶手續，一旦完成開戶後，你就可以下場進第一檔股票。但在前往辦理之前，首先，你必須先檢視自己是否具備開戶資格，如果你符合開戶資格，接著你必須事先準備好下列文件，以便順利完成開戶手續。

我可以開戶嗎？

依法令規定，有下列情況者，不得辦理開戶手續：

○ 未成年人未經法定代理人的代理或允許者。

○ 證券主管機關及證券交易所職員、雇員。

○ 受破產宣告未經復權者。

○ 受禁治產之宣告未經法定代理人之代理者。

○ 曾因證券交易違背契約，經本公司通函各證券經紀商有案未滿3年，或雖滿3年但未結案者。

○ 曾經違反證券交易法，經司法機關有罪之刑事判決確定，或經主管機關通知停止買賣證券有案，其期限未滿5年者。

【開戶要準備哪些文件？】

在決定好往來的證券商及營業員後，你就可以和營業員聯絡並辦理開戶手續。但在前往辦理之前，你必須事先準備好下列文件，以便順利完成開戶手續。

應檢附文	成年人	未成年人	華僑	外國人	本國公司戶	外國公司戶
身分證、印章	★	★	★			
代理人身分證、印章		★		★	★	★
負責人身分證、印章					★	
戶口謄本		★				
公司執照、大小章營利事業登記證					★	★
護照			★	★		
華僑身分證明書			★			
居留證			★			
經濟部投審會核准函				★		

證券開戶要填寫哪些相關資料？

到證券商開戶時，證券商大都已經準備好制式文件，營業員會將文件整理齊全供投資人填寫，因此不用擔心有不會寫的情況發生。

證券公司的申請文件

一般來說，證券商提供的開戶契約，內容包括：

（1）客戶基本資料
（2）客戶徵信資料
（3）委託買賣證券受託契約書
（4）櫃檯買賣有價證券開戶契約書
（5）集中保管帳戶契約書及同意書
（6）券款劃撥同意書
（7）興櫃股票議價買賣同意書
（8）風險預告書

大華證券 GRAND CATHAY SECURITIES CORPORATION

普通交易開戶契約

分公司別：

姓　　名：

普通帳號：

大華超級財經網 http://www.toptrade.com.tw

⌈ 主要文件的內容 ⌋

客戶印鑑卡

如果你要提領股票或是辦理其他證券業務時，都必須使用這張客戶印鑑卡。

交割款券劃撥同意書

同意券商代為交割、集保，也就是券商可替你在買股票時扣款、賣出股票後代為入帳，以節省你的時間。

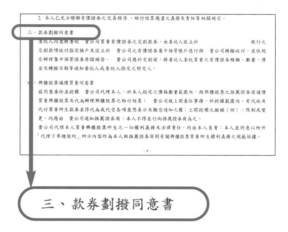

集保帳戶申請書

同意集保公司在開戶買賣股票時，都不需要親自拿股票去交割，而由集保公司自動移轉買賣股票即可完成。

認購（售）權證風險預告書

同意自行承擔購買高財務槓桿的認購（售）權證風險。

各家證券公司開戶文件的基本樣式大同小異，填寫上也十分簡便，但你在文件上簽名蓋章前，最好了解文件內容和作用，以確保自己的權益。

別忘了辦理銀行開戶！

除了在券商開立股票買賣劃撥戶頭之外，你還必須在銀行開立款項劃撥戶頭，未來買賣股票的股款都在這本帳戶裡完成交割。

銀行開戶的流程

準備文件

（1）身分證正本
（2）第二份身分證明文件：健保卡、駕照等附有相片的證件
（3）印章

填寫銀行開戶單

銀行開立證券戶時，一般要填寫的文件包括：

（1）客戶開戶資料登錄單
（2）存款相關業務申請書
（3）劃撥交割委託書
（4）金融卡非約定轉帳功能申請書

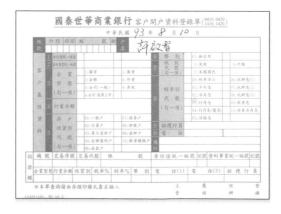

領取開戶存摺

證券商開戶的戶頭是股票的現券撥付之用，至於股款的劃撥則必須在銀行開立帳戶，其開立方式與一般銀行開戶並無不同。

劃撥交割委託書

中華民國　年　月　日

茲因委託人在　　　　證券　股份有限公司（以下簡稱該公司）
期貨

買賣該公司現在及未來經其主管機關核准經營之業務商品，特就應付該公司及應向該公司收取款項，含手續費、處理費及其他相關費用等，均委託　貴行辦理：

一、委託人應繳付該公司之款項，依據該公司編製之清單或明細表等所載金額為準，由　貴行於規定交割或付款時間逕自委託人在　貴行開立之　活　期　活期儲蓄　存款第　　　　號帳戶轉撥交付該公司。若委託人指定帳戶餘額不足抵扣應繳金額時，貴行得視商品性質依相關法令規定先就該帳戶全部

國泰世華商業銀行　存款相關業務申請書

國泰世華商業銀行　金融卡非約定轉帳功能申請書

立約定書人（即存戶）茲向　貴行申請辦理金融卡非約定轉帳功能相關事宜，並已詳閱暨同意遵守下列事項：

壹、約定事項：
一、存戶辦理「金融卡非約定轉帳功能」相關事宜時，應憑身分證及貴行認定之證明文件，及存款帳號（即特別約定轉帳戶）原留存檔之貴行申請並依前開規定辦理。
二、存戶申請啟用、停用「金融卡非約定轉帳功能」時，需將申請該帳之帳號逐一填列於申請書相關欄位，並於該欄位下方蓋手尋蓋原留印鑑模式，並不得為概括申請。
三、存戶申請辦理「金融卡非約定轉帳功能」之帳號，變為已約定金融卡，主該金融卡之使用狀況為存戶者（即非為金融卡已扣失或金融卡未開卡者）。
四、金融卡非約定轉帳功能，一經存戶申請啟用，即無法於自動櫃員機，可購買晶片卡之端末設備（包括但不限於「網路ATM」、「PDA」等設備）等各種化繳費項目之進行的之帳單轉帳（含繳納水、電費等），惟繳納稅款亦予不便。
五、存戶得因國稅機關、徵機關或法院主管機關命令禁止此項服務時，停止「金融卡非約定轉帳功能」之一部或全部。

貳、申請事項：
一、申請啟用、停用非約定轉帳功能之帳號如下：

請勾選		帳	號	請勾選		帳	號
啟用	停用			啟用	停用		

上列變更帳號共啟用　　　戶、停用　　　戶，請簽早或蓋原留印鑑

此致
國泰世華商業銀行

立約定書人：　洪啟智　　（簽名蓋章）
（即存戶）

存款帳號：
（即特別約定轉帳戶）

身分證號／統一編號：F123043561

中華民國　　　年　　月　　日

如何蒐集投資資訊？

投資人在開始買股票之前，要蒐集多方面的資訊，不論是整體產經新聞，世界局勢，乃至個別股票的細微新聞，都應加以關心，並對相關資訊做詳實的解讀，才能適時買進好股票。一般來說，上市、上櫃公司的經營訊息大都會透過報章、網路等媒體發布出來，對投資人而言，這些媒體可提供作為投資參考的訊息如下：

投資的參考訊息

1 公司每個月的營收及盈餘變化。

2 公司負責人對於產業展望、個別公司營運所發表的樂觀或悲觀看法。

3 投資機構對於個別公司發表評論，例如中華信評公司對於個別金融機構調升或調降評等消息等。

4 政府對於個別產業政策構想，如開放資產管理公司協助打消銀行呆帳、自用住宅可以優惠貸款等，使得特定產業可以直接受惠。

5 其他國外產業景氣變化、個別公司營運變化產生的影響。

DRAM現貨看漲

法人逢低承接　類股全面漲停

彭淑貼／台北報導

在需求逐步釋出以及三星陸續減少現貨供給量情況，十九日集邦科技DRAM現貨報價漲幅持穩放大，上漲○‧五八元至一‧七九％，256MB DDR全面回升至四美元整數關卡；DRAM族群昨日法人逢低承接買盤進場，大幅降低現貨庫存，UTT（未經測試）衝上漲停。

分析師示，DRAM幅度已不小，近期低點，本益比仍偏DRAM價格可望止跌

接，惟籌碼面，仍是短線觀察個股走勢的重要關鍵。

由於OEM需求較組裝（clone）市場需求有力，南亞科、茂德和Micron都曾表示，客戶對第二季DRAM單位需求穩定，南亞科更特別點出第三季

高至三‧八一美元，漲幅六％。

分析師指出，以先前DRAM現貨價格及全球DRAM廠商成本能力相較，包括三星、力晶、茂德、南亞科及hynix，均處獲利狀態，而美光及英飛凌則有虧損壓力；其中力晶成本確居全球最低、

三、四季業績面及產業面持續看好　下周四將開出第四季內銷盤價

中鋼填權近五成　類股漲相佳

張瑞益／台北報導

鋼鐵類股十九日隨台股大漲「漲聲再起」，收盤時多達十數個股以漲停板收市，佔類股比重逾四成。其中，中鋼（2002）收盤價剔除權以來新高，填權幅度近五成，另外，燁輝（2023）也由日

前的貼權走勢轉為部份填權。下周若中鋼盤價符合市場預期，則類股有機會再出現漲勢，個股填權力道勢必將增加。

中鋼下周四（二十六）日即將開出第四季內銷盤價，在各方看好及今日台股大漲帶動，中鋼十

九日出現少見漲勢，股價並創七月二十三日除權以來新高，收盤時以三一‧一元收市，並站上二十日均線，填權幅度已近五成。三、四季業績面及產業面持續看好下，未來勢將持續填權走勢。

報章、網路訊息經常會對股市帶來最直接的衝擊；舉例來說，當有重大利空出現，如美國股市大跌、美國聯邦準備理事會升息或者發生恐怖分子攻擊等，這些訊息透過媒體發布後，往往會對股市帶來立即的衝擊。又，媒體報導美國股市大漲、油價下跌等有利的訊息時，股市往往立刻大漲。因此，媒體刊載有關各國股市消息、產業變化及其他可能對金融市場產生影響的訊息，都會直接而快速地讓股票市場個股股價產生變化。如果你要從事金融股票投資，商業性報紙如《經濟日報》、《工商時報》及相關財經網站的資訊都必須持續蒐集，才能成為投資贏家。

如何下單買股票？

當開戶手續辦妥，對想買的股票也進行了一番研究之後，接下來你就可以下單買股票。以往下單買進股票只有現場下單及電話下單兩種方式，隨著資訊時代來臨，又增加了電話語音下單及網路下單兩種方式。

四種下單方式	現場下單
使用對象	在號子看盤的投資人
填單方式	自行填寫買賣委託書，正確填寫買賣帳號，確定是買或賣、股票名稱、買賣價位、買賣張數
輸入買賣單	將委託單交給營業員處理
成交查詢	向營業員主動查詢，或由營業員通知成交

有價證券申購委託書

委託人：郭天賜　集保帳號：5723046111　銀行帳號：3757606119　委託書編號：＿＿＿

委託人款項劃撥銀行帳戶款您認是否足以支付申購處理費及認購價款？　是□　否□本項由經辦目填寫

本人茲委託　貴公司代表本人申購下列有價證券一銷售單位：

車寶工業（6605）（有價證券名稱）

本人已詳閱上述有價證券募辦法公告有關資料，茲願依照本次銷售辦法規定，申請購買該有價證券一銷售單位，如有違反誤銷售辦法指示，願接受銷戶申購資格。且處理費新台幣三十元不退還，並承諾於申繳後，如本次所定期間內未書面向　貴公司表示放棄認購，即同意由本人款項劃撥銀行帳戶扣繳認購價款，絕無異議。

此致
大華證券股份有限公司

經辦人簽章：＿＿＿　委託人簽章：郭天賜　委託日期：93/06/17

注　1.每一申購人限申購一銷售單位，每一銷售單位代表若干數字數仟本辦公告。
意　2.請注意售申購期間，設超過逾期均未售效。
事　3.委託人方式不詳明，如為當面或傳真委託，委託人應親自簽章。
項　4.本項屬磁性願請將您的行存款帳號以文付加銷售認費。
　　5.經辦買請簽蓋申購人名及仲本照付列對送分行總申購公司中申購計集售證券營業計付銷售部門。
　　6.申購人之通訊地址以其集中保管帳戶之通訊地址為準，如需變更應透過各公司向集中保管公司辦理變更。

股市的交易時間

由營業日的每天早上9時開盤至下午1時30分收盤。

電話下單

自行打電話給營業員

通知營業員自己想買賣的股票名稱、買賣張數、買賣單價

營業員代為處理

向營業員主動查詢，或由營業員通知成交

電話語音下單

自行打電話到證券公司的語音交易系統

輸入帳號及密碼

依語音指示，輸入即將交易的股票名稱、買進及賣出價格，並做確認

由電話語音中查詢成交與否

網路下單

運用各家券商的網路下單系統交易

輸入想要買進的股票、買賣價位及股數，經確認後再按下確認鍵

輸入姓名、密碼、可確認交易是否成功

上券商網路系統查詢是否完成交易

對於電話交易的投資人而言，各家證券商對於股票買賣都有錄音，只要在交易時間中的買賣都可透過語音留言來查證，如果營業員及投資人在電話下單產生爭議，投資人可要求券商提供錄音帶查證交易真實情況。

如何融資、融券？

融資融券一般又稱為信用交易，手上缺乏足夠資金買股票，可用融資方式買股，或者是看壞個股想賣出，但手上又沒有此一個股時，可透過證券金融公司融通賣出此一股票，融資融券使得股票操作方式更多樣化。

〔信用交易的條件〕

投資人必須符合下列規定才有資格開立融資融券帳戶。

○ 須在證券商處開戶，開立受託買賣帳戶滿3個月。

○ 過去一年的買賣股票筆數超過10筆，總成交金額必須是融資金額的一半，如果你想融資500萬元，過去一年中最少必須有250萬元的買賣金額。

○ 年所得及財產合計至少應在融資金額的30%以上，如果你想融資500萬元，至少年所得加財產要有150萬元。

上市櫃公司股票必須稅前純益達實收資本額3%的公司才符合融資標的；而且券商必須成立滿2年，公司淨值達8億元者才能取得融資融券資格。

融資

融資利得

投資人以融資方式買股時，一旦
股價上漲，賣出後扣除相關的借款、利息和手續費，由於只支付了4成自備款，獲利倍數較現股全額自備款項來得高。

融資風險

一旦以擴張信用方式交易後，如果股價下跌，除了借款利息外，尚須承受股票跌價損失，跌幅過巨時有可能融資保證金不足尚須補繳，會承受較一般現股投資更大的損失。

融資交易方式

融資買股在下單時與一般現股差異不大，只要告訴營業員這筆交易是以融資買進而非現股買進時，營業員就會以融資方式代客下單。

融券

融券利得

由於融券交易的投資人是預期個
別股票將會下跌，因而向證金公司借股票來賣出。所以融券交易人的獲利是來自股票下跌回補時，賺取利差。

融券風險

一旦股價未如預期下跌反而出現漲升走勢時，融券戶有可能面臨必須以更高價位買回股票給借股票的證金公司，此時就會產生交易損失。

融券交易方式

投資人只要通知營業員要以某一價位借券賣出某一檔股票多少張，例如以50元價位融券賣出台塑1張，一旦成交收到營業員通知，這就表示你已經向證券金融公司借了1張50元的台塑股票賣出，未來只要台塑股價跌破50元，就表示你借券賣出已產生獲利。

什麼是零股交易？

零股的處理是許多參與配股的投資人會產生的問題，如果一檔股票每千股配發200股的股票股利，投資人只買1張股票時，就只有200股零股，在買賣股票時，無法正常的進行1000股（即1張）為單位的整張交易，但如果投資人有資金需求時，也可採取出售零股方式取得股票。買零股與一般股票正常交易的時間、交易價位均不相同，投資人賣零股作法如下：

零股交易須知

1 確認想買股票

先確定想買哪種股票的零股，買零股的原因有可能是零股成本較便宜，但大部分人買零股目的是湊成整張（1000股），方便出售。

2 了解交易時間

零股交易時間是在股市收盤後，在營業日的下午2時至3時半可向營業員申報買零股。

3 買零股的成本較便宜

目前零股的交易成本是當天股票收盤的99.5%；如果1檔股票收盤價是100元時，你買的零股價格就是99.5元。

零股成本＝收盤價×99.5%

4 通知成交

對於買零股的投資人而言，由於零股交易是在正常股市交易時間之後，因此買到零股後，營業員可能是當日通知成交，但也可能是次日才通知成交。

如何進行興櫃股票交易？

興櫃公司的股票具有股本小、成長性高而且即將進入上市上櫃的階段，若順利上市上櫃，股價可能有相當的伸展空間；投資興櫃市場的人大都是期待這些股票的未來成長性。興櫃市場股票是採取透過券商議價的店頭買賣方式，投資人一定要對個股有十分充分的認識才適合投資興櫃股票。

興櫃股交易須知

1 買賣時間

興櫃股票的交易時間是股票營業日的上午9時至下午3時。

2 交易對象

買入興櫃股票的交易對象是提供興櫃股票的推薦券商。

3 議價

投資人要買進興櫃股票必須經券商及推薦券商間議價，例如買進100張高鐵股票，每股價位9.5元，透過往來券商和推薦券商之間的議價，議約價格合意後，即可完成交易。這時，投資人透過券商議價得到對方認同後，即可以每股9.5元完成交易。

興櫃股票行情　　　7月12日

證券名稱	本日均價	漲跌	股本(百萬)	證券名稱	本日均價	漲跌	股本(百萬)	證券名稱	本日均價	漲跌	股本(百萬)	證券名稱	本日均價	漲跌	股本(百萬)	證券名稱	本日均價	漲跌	股本(百萬)
			3.75					仁野	25.05	0.00		全虹			1,343	遠傳	12.05	+0.05	
	60.12	-0.39		大				寶	95.00	-0.75		洋證			407	保勝			
				多	30.92	-2.41						文			75	新虹科			
	60.33	-3.1		精					37.50	-3.50		六和				聲			14
	60.13	-3.9							21.00	-0.72		新力美			49	祥	8.75	-4.20	1.60
	22.58	+0.35										三益			340	茂	16.95	+0.29	
	61.00	-4.00							100.50	-10.58		三神							21
全												儀	12.00	+0.20	455	大世代通			21
	27.93	+0.50			14.97	-4.62			75.55	-0.15		建	17.60	-0.45					
	154.54	-10.46		八	23.02	+0.02		賀天											4.48
洋	77.54	+0.37		宣								和			1,514	華			
	26.85	-1.14			27.04	+1.25			38.46	+0.26		愛山			5,148	弘	13.96	-0.01	47
												愛金			2,000		14.10	-0.30	1.23
		215		興							1,7								

3

投資流程

如何買未上市股票？

台灣有上萬家發行股票公司，既沒有上市上櫃，也不屬於興櫃股票，這些未上市股票平常交易並不熱絡，一旦股市交易活絡時，它們才會顯得生氣蓬勃。買未上市股其實有一定程度的風險，投資人要買未上市股票時，必須依循下列方式：

1 了解未上市公司的本質

未上市公司的資訊一般均較不透明，必須透徹了解後才能當成良好的投資標的。

未上市股票參考行情　7月12日

類別	公司名稱	今日參考價(元)	漲跌	資本額(億元)	類別	公司名稱	今日參考價(元)	漲跌	資本額(億元)
IC製造設計封測	吉聯積電	3.60	-0.20	11.09	電子元件	鴻景科技	5.50	-0.50	14.00
	科雅科技	15.20	+0.20	2.54		蓬頂電腦	3.00		6.40
	創意電子	22.50	-0.50	3.00		碁茂科技	7.50		4.69
	長茂科技	9.00		1.20		達方電子	17.00	-0.50	14.99
	飛虹積體	12.00		3.33		聯誠光電	22.50	+0.50	9.00
	長星半導	141.00	-2.00	1.64		輝城電子	13.40		5.86
	福懋科技	16.50		25.00		崇旺科技	13.00		3.78
	勤茂資通	6.50	-0.50	20.50		大圜科技	15.00	+0.50	6.55
主機板	艾崴	7.50		4.00	電信通訊	多圜科技	37.00		4.00
						冠德光電	13.00	-0.50	4.50
						立朗科技	14.00		4.79
光電科技	保勝光學	11.00	+0.20	3.41		全陽科技	2.00		6.29
	漢昌科技	11.30	-0.20	6.00		威實電信	7.50	-0.20	33.00
	聯銓科技	45.50		7.50		雄訊通信	4.20		3.11
	中晶光電	6.20	+0.20	14.50		台灣固網	6.00	-0.05	922.00
	美齊科技	21.00	-0.50	4.80		東森寬頻	2.00	-0.20	656.80
	聯鈞光電	33.20	-0.30	4.95		新世紀寬	3.50	-0.50	475.00
	華宸科技	13.50	-0.30	16.50		奇美通訊	53.00	-0.30	15.00
	先進光電	25.00	+0.50	2.25		英華達	98.50		23.00
	先進開發	24.50	-0.50	1.93		力廣通訊	37.00	-0.50	3.10
						數位聯合	19.50	-0.50	17.59
					軟體	微妙軟體	12.50		2.41
儲存媒體	鎰創科技	38.00		2.56	金融保險	誠泰銀行	9.50	-0.30	70.90
						一銀證券	17.00		20.62
						陽信商銀	9.40	-0.10	61.61
						慶豐工銀	9.60	-0.20	233.52
						上海商銀	24.30	-0.40	143.00
						南山人壽	121.00	-1.00	100.00
						三商人壽	18.50	-0.50	46.50
						立榮航空	1.50		42.51
					其他	雙漢科技	50.20	+0.20	3.08
						亞新科技	16.00	-0.50	10.00

資料來源：各盤商

2 上網或向買賣未上市盤商查詢股票價位、目前成交量

目前有提供未上市股票資訊的網站有鉅亨網（www.cnyes.com.tw）以及太陽神未上市財經網（www.fcwin.com.tw；採會員制），以及其他未上市盤商網站，但是未上市股透明度不大，價格經常有落差，交易上要特別審慎。

3 向未上市盤商議價

未上市股比起興櫃股票有更大的議價空間，必須適當的比價才能買進。

4 交付股款並過戶

未上市股票是一手交錢一手交貨的現貨買賣，投資人必須在買到現股後立即過戶，由股務機構確認為真股票後方得交付股款。

如何申購新股及現金增資股？

投資在股票市場中，除了買賣已上市股票外，同時也可參與新上市股票及上市公司現金增資新股的申購，這是投資人除了買賣已上市上櫃老股外的另一個獲利管道。

申購流程

1 由新股及現增股中，選擇市場較看好的新股或是現增差價可觀的老股。

2 依新股及現增股承銷辦法，在指定日期前存入申購價金，例如三顧新股上市時，承銷價訂為44.6元，如果要申購1張新股就要44,630元（30元是承銷費用）；華映曾辦現金資增溢價20.6元，投資人就必須準備20,630元才能參加申購。

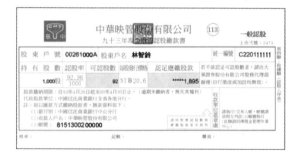

3 填寫有價證券申購委託書。

投資人可以向券商櫃檯查詢最新的
新股及現金增資股的資訊。

7 新股或現增股掛牌後，投資人可以下單賣出賺取差價，或是
以投資方式持有。

6 到期發放新股或現金增資股，然後由集保公司將股票撥發進
入投資人集保戶頭。

5 中籤戶繳納股款。

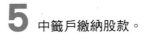

4 新股及現增股完成抽籤，中籤者會收到掛號的中籤書。

交割是買股交易的最後手續！

投資人買賣完股票後,接下來就是進行股款及股票的撥付;也就是投資人買股票當天,帳上沒有現金並沒關係,只要次日將現金補齊即可完成交易。如果投資人在帳下有充裕的資金,不過度的操作股票,款券自動撥付讓投資變得很方便。以股票市場的交易時間而言,簡單區分如下:

【 交割程序 】

第一天 買賣日

投資人下單決定買賣股票,並確定股票是否成交。

第二天 交割日

券商的交割部門會和銀行辦理交割手續,投資人應在帳上準備充裕現金。

第三天 扣款日

在「款券劃撥制度」下,投資人在第3天一定要將股款匯入,才能完成股款與股票的交換行為,如果此時戶頭的錢不夠,必須立即匯入,否則就會被列入違約交割戶,未來3年內將不得再進行股票交易。

為什麼要看行情表？

股市每日交易完畢後，當天的網路、次日的報章上都會有最新的收盤行情表。要了解你買進股票的當日交易的所有相關資訊，最好的途徑就是看懂股市行情表；投資人由行情表中相關數據可了解手上股票當日交易市況。

股票行情表的主要內容

1 加權股價指數

台灣股市整體的漲跌，通常都是以「台灣加權股價指數」的漲跌為依據。股市中個股漲跌雖有不同，但是當台灣加權指數上漲時，表示整體股市中大多數股票向上走揚，或者是占權值大的股票，例如台積電、國泰金控等股走勢向上；漲得越多，表示前一交易日的投資人獲利越大。相反的，若是加權股價指數下跌，可能是因為多數個股下跌或是權值股表現不佳的緣故；下跌點數越多，表示前一日投資人虧損越大。

發行量加權股價指數：5,758.74（×18.98）

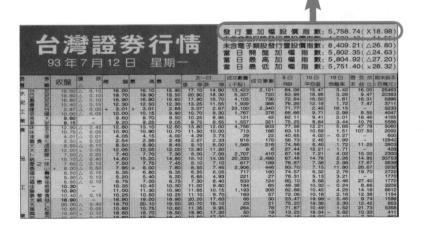

2 成交量

從成交量的大小可以看出投資人進場交易積極與否。台股成交量最熱絡時，日成交量曾創下2000億元以上；最清淡時甚至曾掉到300億元以下的紀錄。所以，透過前日成交量可看出投資人的行為是積極或保守。

```
台 灣 五 十 指 數：4,305.83（×28.10）
加 權 報 酬 指 數：5,949.53（×16.23）
成交總值：593.91 億元（含盤後交易 3.08 億元）
市價總值：126,654.88 億元
成交總股數：2,963,536 千股
漲 398 種 平 222 種 跌 317 種 未成交 27 種
```

證種	券類	收盤	漲△	跌×	開盤	最高	最低	次一日漲停	次一日跌停	成交(千)
橡膠汽車電	南華裕中三大光聯	帝豐隆華陽東將科正電	10.60	△0.10	10.65	10.65	10.55	11.30	9.90	
			12.10	△0.05	12.10	12.25	12.10	12.90	11.30	
			36.90	—	37.00	37.30	36.80	39.40	34.40	
			45.40	×0.50	45.90	45.90	45.40	48.50	42.30	
			12.10	△0.35	11.80	12.20	11.80	12.90	11.30	
			48.70	△0.10	49.00	49.20	48.70	52.00	45.30	
			6.40	×0.10	6.55	6.60	6.35	6.80	6.00	
			34.40	×0.10	34.80	34.80	34.20	36.80	32.00	
			6.60	×0.05	6.80	6.85	6.60	7.05	6.15	
			23.80	×0.50	24.60	24.60	23.70	23.40	20.50	12
			7.15	△0.45	7.10	7.15	7.05	7.65	6.65	

3 產業分類股價指數

交易所另有編製各類股的分類指數，投資人由各類股的指數漲跌中，可以了解前一交易日中哪些股票的投資交易最熱門、哪些類股漲幅大，從而調整自己的投資內容。

```
分 類 指 數
水泥窯製類：242.37（△2.16）    紡織纖維類：219.17（△2.33）
塑膠化工類：414.78（△0.54）    電機機械類：73.07（×0.05）
機・電　類：1,261.18（×11.78）  電器電纜類：48.06（△0.88）
水　泥　類：53.13（△0.30）      化學工業類：59.42（△0.44）
食　品　類：265.61（△5.16）     玻璃陶瓷類：40.69（△0.69）
塑　膠　類：127.61（×0.06）     造　紙　類：161.31（△0.49）
                               鋼　鐵　類：97.27（△1.91）
                               橡　膠　類：86.38（△1.34）
```

證種	券類	收盤	漲△	跌×	開盤	最高	最低	次一日漲停	次一日跌停	成交數量(千股)
電	遠揚晶科健台建益和鈺	見皆技風鼎大碁舟登鑫益	19.20	△0.20	19.00	19.20	18.80	20.50	17.90	173
			21.90	△0.20	21.90	22.40	21.70	23.40	20.40	5,570
			17.50	×0.20	17.80	17.90	17.50	18.70	16.30	355
			34.50	×0.20	34.80	34.90	33.80	36.90	32.10	86
			40.40	×0.10	40.20	40.60	40.00	43.20	37.60	123
			32.70	△0.80	31.70	32.70	31.70	34.90	30.50	11,853
			16.80	×0.30	17.10	17.20	16.70	17.90	15.70	411
			7.75	△0.20	7.55	7.75	7.55	8.25	7.25	207
			34.20	×0.10	34.30	34.60	34.10	36.50	31.90	396
			19.20	×0.40	19.60	19.60	19.00	20.50	17.90	11,626
			25.00	—	25.20	25.20	24.90	26.70	23.30	351

4 昨日收盤

昨天收盤時最後一筆成交價位；如果今天開盤要買股票時，可以此作為參考價格。

證種	券類	收盤	漲跌	開盤	最高	最低	漲停	跌停	成交量(千股)
水泥工業		16.00	△ 0.10	16.00	16.10	15.90	17.10	14.90	13
		19.60	△ 0.10	19.70	19.90	19.50	20.90	18.30	5
		16.80	△ 0.10	16.90	16.90	16.60	17.90	15.70	4
		12.40	△ 0.15	12.30	12.50	12.30	13.25	11.55	1
		2.87	△ 0.05	+ 3.01	+ 3.01	2.65	3.07	2.67	23
		10.00	△ 0.05	10.00	10.15	9.90	10.70	9.30	1
		9.60	–	9.60	9.70	9.50	10.25	8.95	
		9.15	–	9.20	9.25	9.05	9.75	8.55	1
食品工業		12.90	△ 0.45	12.80	13.10	12.60	13.80	12.00	4
		10.75	△ 0.05	10.90	10.90	10.70	11.50	10.00	
		4.01	△ 0.01	4.05	4.15	4.00	4.29	3.73	
		2.50	× 0.02	2.54	2.56	2.49	2.67	2.33	
		8.55	△ 0.10	8.50	8.60	8.45	9.10	8.00	1
		12.00	× 0.05	12.05	12.05	12.00	12.80	11.20	
		7.50	△ 0.20	7.40	7.70	7.30	8.00	7.00	2
		15.10	△ 0.40	14.80	15.20	14.80	16.10	14.05	20
		7.60	△ 0.10	7.50	7.75	7.45	8.10	7.10	
		+ 8.00	△ 0.50	+ 7.95	+ 8.00	7.80	8.55	7.45	2
		6.50	△ 0.15	6.35	6.60	6.35	6.95	6.05	
		5.30	△ 0.10	5.20	5.40	5.20	5.65	4.93	
		6.85	△ 0.10	6.75	7.00	6.75	7.30	6.40	
		10.30	–	10.35	10.45	10.30	11.00	9.60	
		10.90	–	11.00	11.30	10.90	11.65	10.15	1
		10.40	△ 0.15	10.25	10.50	10.25	11.10	9.70	
		18.90	–	18.90	19.00	18.90	20.20	17.60	
		20.00	△ 0.40	19.70	20.10	19.50	20.70	18.10	
		10.65	△ 0.05	10.60	10.75	10.60	11.35	9.95	

5 漲跌

表示當日個股收盤價與前一個交易日收盤價比較下，所發生的漲跌情況。「△」表示上漲，「×」表示下跌。

6 開盤、最高、最低

開盤指當日開始交易的第一筆成交價。最高及最低是指當天股票成交價位出現的最高價及最低價成交價位。

7 成交數量（張）、成交金額（千元）、每筆張數

成交數量是指當日與前一交易日的成交股票張數；成交金額是當日「每筆成交數量」乘上「成交價格」的總和；每筆張數指當日股票平均每筆成交張數。

高	最　低	次一日		成交數量（千股）	成交筆數	5日 RSI	10日 平均值	10日 乖離率	澄 交 本益比
		漲　停	跌　停						
10	15.90	17.10	14.90	13,423	2,101	84.06	15.47	3.42	16.00
90	19.50	20.90	18.30	5,337	720	83.99	18.98	3.26	9.47
90	16.60	17.90	15.70	4,105	736	72.84	16.50	1.81	16.31
50	12.30	13.25	11.55	1,939	388	76.26	12.19	1.72	7.47
01	2.65	3.07	2.67	23,100	2,340	71.77	2.42	18.15	
15	9.90	10.70	9.30	1,767	378	66.66	9.71	2.98	8.55
70	9.50	10.25	8.95	121	42	62.11	9.41	2.01	18.46
25	9.05	9.75	8.55	1,557	321	75.25	8.84	3.44	10.76
10	12.60	13.80	12.00	4,756	903	77.56	12.21	5.65	47.78
90	10.70	11.50	10.00	713	188	63.15	10.59	1.51	107.50
15	4.00	4.29	3.73	29	22	40.65	4.02	− 0.27	−
56	2.49	2.67	2.33	816	176	56.73	2.45	1.99	−
80	8.45	9.10	8.00	1,568	216	74.56	8.40	1.72	11.25
05	12.00	12.80	11.20	8	6	27.44	12.21	− 1.71	−
70	7.30	8.00	7.00	2,707	410	87.18	7.21	4.02	15.00
20	14.80	16.10	14.05	20,333	2,498	67.48	14.76	2.26	14.95
75	7.45	8.10	7.10	617	189	76.87	7.38	2.98	17.67
00	7.80	8.55	7.45	2,906	446	93.70	7.15	11.80	26.67
80	6.35	6.95	6.05	717	160	74.57	6.32	2.76	19.70
40	5.20	5.65	4.93	221	27	76.31	5.13	3.21	−
00	6.75	7.30	6.40	533	124	80.10	6.68	2.46	27.40
45	10.30	11.00	9.60	184	65	49.38	10.32	− 0.24	8.66
30	10.90	11.65	10.15	1,193	308	82.88	10.45	4.25	14.16
50	10.25	11.10	9.70	163	57	72.06	10.18	2.16	12.38
00	18.90	20.20	17.60	66	30	23.47	19.99	− 5.45	9.74
10	19.50	20.70	18.10	23	21	75.20	19.36	3.30	12.42
75	10.60	11.35	9.95	264	78	71.87	10.49	1.52	21.73

8 次日漲停、跌停

是指第二天交易日股價最高可上漲及最低可下跌的價格。目前台股有7%的漲跌停規定，換句話說，漲停價是股票昨天收盤價的107%，跌停價是昨天收盤價的93%。

9 10日乖離率

乖離率是指當日的股價和10日平均股價的差異。乖離率出現正數而且數值越大時，表示當日股價遠高於10日平均值，則股價近日漲勢十分猛烈；若是當日股價遠低於10日平均值，表示股價跌幅相當大。過高的正乖離率和負乖離率表示股價很可能迅速出現反轉。

10 平均線

測試股價短、中、長期的走向，以最近5日、10日及20日平均價位求出各種不同天期的平均線，如果平均線出現上升走勢，表示股價處在強勢漲升形態，反之，若是持續下挫，則表示股價進入下跌的趨勢。以下圖為例，黃色曲線表示最近5日的均價，藍線表示最近10日的均價，綠線表示最近20日的均價。

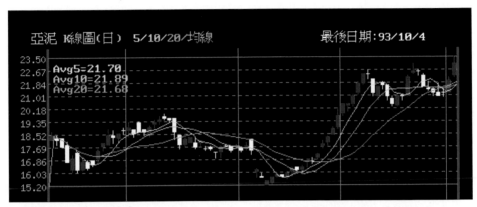

資料來源：Yahoo！奇摩

高最	低	次一日		成交數量（千股）	成交筆數	5日 RSI	10日 平均值	10日 乖離率	證 交 所 本 益 比
		漲 停	跌 停						
10	15.90	17.10	14.90	13,423	2,101	84.06	15.47	3.42	16.00
90	19.50	20.90	18.30	5,337	720	83.99	18.98	3.26	9.47
90	16.60	17.90	15.70	4,105	736	72.84	16.50	1.81	16.31
50	12.30	13.25	11.55	1,939	388	76.26	12.19	1.72	7.47
01	2.65	3.07	2.67	23,100	2,340	71.77	2.42	18.15	—
15	9.90	10.70	9.30	1,767	378	66.66	9.71	2.98	8.55
70	9.50	10.25	8.95	121	42	62.11	9.41	2.01	18.46
25	9.05	9.75	8.55	1,557	321	75.25	8.84	3.44	10.76
10	12.60	13.80	12.00	4,756	903	77.56	12.21	5.65	47.78
90	10.70	11.50	10.00	713	188	63.15	10.59	1.51	107.50
15	4.00	4.29	3.73	29	22	40.65	4.02	0.27	—
56	2.49	2.67	2.33	816	176	56.73	2.45	1.99	—
60	8.45	9.10	8.00	1,568	216	74.56	8.40	1.72	11.25
05	12.00	12.80	11.20	8	6	27.44	12.21	1.71	—
70	7.30	8.00	7.00	2,707	410	87.18	7.21	4.02	15.00
20	14.80	16.10	14.05	20,333	2,498	67.48	14.76	2.26	14.95
75	7.45	8.10	7.10	617	189	76.87	7.38	2.98	17.67
00	7.80	8.55	7.45	2,906	446	93.70	7.15	11.80	26.67

11 10日均量

個股在過去10日內的平均成交量，平均成交量大表示股票交投熱絡，是熱門交易股票。

12 相對強弱指標（RSI）

這是測試股票有沒有出現短期超賣或超買的情況。以6日RSI為例，如果指標值超過80以上，表示過去6日內股價漲幅相當大，股價回檔可能性增加；反之，若指標值在20以下，表示股價短期內跌幅甚大，出現明顯超賣，可能出現反彈。

一日 跌 停	成交數量（千股）	成交筆數	5日 RSI	10日 平均值	10日 乖離率	證 交 所 本 益 比	期末股本（百萬元）
14.90	13,423	2,101	84.06	15.47	3.42	16.00	25463
18.30	5,337	720	83.99	18.98	3.26	9.47	20383
15.70	4,105	736	72.84	16.50	1.81	16.31	6996
11.55	1,939	388	76.26	12.19	1.72	7.47	3711
2.67	23,100	2,340	71.77	2.42	18.15	－	5233
9.30	1,767	378	66.66	9.71	2.98	8.55	4047
8.95	121	42	62.11	9.41	2.01	18.46	4165
8.55	1,557	321	75.25	8.84	3.44	10.76	5586
12.00	4,756	903	77.56	12.21	5.65	47.78	5060
10.00	713	188	63.15	10.59	1.51	107.50	2092
3.73	29	22	40.65	4.02	－ 0.27	－	600
2.33	816	176	56.73	2.45	1.99	－	12842
8.00	1,568	216	74.56	8.40	1.72	11.25	3903
11.20	8	6	27.44	12.21	－ 1.71	－	428
7.00	2,707	410	87.18	7.21	4.02	15.00	2300
14.05	20,333	2,498	67.48	14.76	2.26	14.95	33753
7.10	617	189	76.87	7.38	2.98	17.67	3639
7.45	2,906	446	93.70	7.15	11.80	26.67	3232
6.05	717	160	74.57	6.32	2.76	19.70	2722
4.93	221	27	76.31	5.13	3.21	－	1770
6.40	533	124	80.10	6.68	2.46	27.40	1772
9.60	184	65	49.38	10.32	－ 0.24	8.66	3209
10.15	1,193	308	82.88	10.45	4.25	14.16	6612
9.70	163	57	72.06	10.18	2.16	12.38	1154
17.60	66	30	23.47	19.99	－ 5.45	9.74	1599
18.10	23	21	75.20	19.36	3.30	12.42	853
9.95	264	78	71.87	10.49	1.52	21.73	5358

13 本益比

指「當日股價」除以「每股盈餘」所得到的數字，本益比越低的股票，投資價值越高。

14 股本

即公司的資本額；股本大的公司占權值的比重高，股本小的公司占權值的比重低。

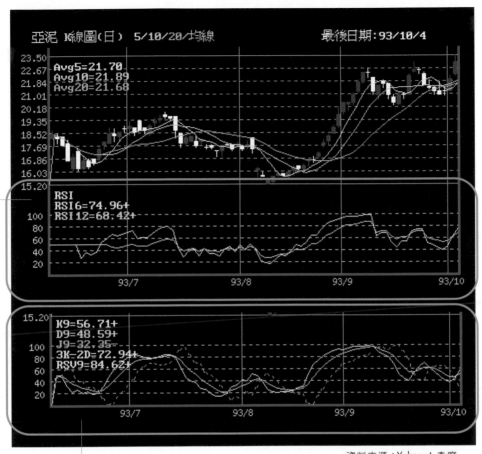

資料來源：Yahoo！奇摩

15 隨機指標（K值與D值）

是技術分析使用的指標，用來分析短期股價高、低點及是否超買或超賣。

K值＞D值：出現個股買進訊號。

K值＜D值：出現個股賣出訊號。

K值≧80：表示超買區。K值≦20：表示超賣區。

D值≦15：表示買進區。D值≧85：表示賣出區。

什麼是股價漲跌幅限制?

股價漲跌幅限制是限制一檔股票當天最大的上漲幅度與下跌幅度,目的在抑制投資人盲目追漲或殺跌,目前股市的漲跌幅限制是前一日收盤價上下的7%,如果一檔股票的價位是100元,它的漲停板就是107元,跌停板是93元。

實例說明

友達光電前一交易日的收盤價是60元

漲停狀況

今天開盤後交易熱絡,大筆買單不斷湧入,使得股價持續向上揚升,10時過後,一筆買單1萬張,使得股價攻上漲停板,為64元。

友達光電漲停板的理論價位:

前日收盤價×(1+7%漲幅)
=60元×1.07
= 64.2 元

但實際上的漲停價位會是64,跌幅是6.66%不及7%

(64－60)÷60 = 6.66%

由於50元以上股票是以0.5元為計價單位,因此上述的例子中,友達漲停價位無法充分反應7%的漲幅。

一檔股票最強勢的狀態是開盤漲停板,且成交量不大,交易時間內全面鎖漲停,通常在公司出現極大的利多才會出現此種情況;而股票一開盤就高掛跌停板,且成交量不大,全場鎖住跌停,大量賣單急著掛出,這就表示這檔股票極度弱勢,後市難有表現。

跌停狀況

友達在中場過後,市場出現利空雜訊,盤中摜壓跌停,跌停價出現在56元。

友達光電跌停板的理論價格:

前日收盤價×(1-7%跌幅)

=60元×0.93

= 55.8 元

實際上的跌停價位是56元,跌幅也一樣只有6.66%不及7%

(56-60)÷60= -6.66%

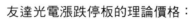

友達光電漲跌停板的理論價格:

55.8元≦友達光電≦64.2元

實際上的漲跌停價位:

56元≦友達光電≦64元

為什麼要看盤中股價變動？

完成交易手續後，接下來你必須常常檢視手中的持股；因為外界資訊、買賣力量都有可能影響到整體市場及你買進的股票，造成股價隨時都在變動，而你了解股市行情的變化，才能妥慎掌握買股與賣股的時機。

盤中股價的變動

盤中股價的變化就是一般所說的多空對峙；看多的一方提出買進價，看空的一方報出賣出價，因而買賣勢力不平均。

買方力量＞賣方力量
→ → 成交價位會持續上升

買方力量＜賣方力量
→ → 成交價位會持續下跌

哪裡可以看盤中股價變動？

股票市場在交易時間中，個別股票盤中價位是變化不停，投資人要取得盤中股票交易資訊十分容易，除了到證券營業廳看盤外，目前還有奇摩、蕃薯藤等入口網站，以及許多傳呼機等，都可以看行情（也就是看股價的變化）。

實例說明

以彰化銀行股票某一交易日收盤前10筆成交明細而言，買方報價持續由每股18.2元提高至每股18.3元的買進價位，賣方的報價是在每股18.4元及18.3元，由於買賣盤都採取寸土必爭，不願大買向上拉抬，也不願向下大筆砍殺的情況下，下午1時30分終場的收盤價位是每股18.3元，而在2時30分之前的盤後交易價位也是每股18.3元。

日期 93-6-15			2801 彰銀 成 交 明 細		
時間	買進	賣出	成交價	漲跌	單量（張）
14:30:00	–	–	18.30	△0.50	102
13:30:15	18.30	18.40	18.30	△0.50	2218
13:24:57	18.30	18.40	18.30	△0.50	197
13:24:25	18.30	18.40	18.40	△0.60	373
13:23:47	18.30	18.40	18.40	△0.60	163
13:23:16	18.30	18.40	18.40	△0.60	73
13:22:43	18.30	18.40	18.30	△0.50	94
13:22:03	18.20	18.30	18.30	△0.50	480
13:21:27	18.20	18.30	18.30	△0.50	258
13:20:59	18.20	18.30	18.30	△0.50	462

學習看盤技巧

股票市場在交易時，股價的變化受到許多因素的衝擊，因此價位變化相當快，投資人可以學習一些基本看盤投巧，適當的掌握大盤操作方向，增加贏率。

這是指買進力量（委買筆數、張數）、賣出力道（委賣筆數、張數）強弱比。

實例說明

以93年6月16日為例，開盤時股價上漲，而賣方力道始終大於買方力道，至12時16分，買方力道與賣方力道相距如下：

買進力道	委買筆數	委買張數	平均買張
	363781	2928373	8
賣出力道	委賣筆數	委賣張數	平均賣張
	444340	4065515	9.1
買進 vs. 賣出	買筆小於賣筆	委買小於委賣	均買小於均賣

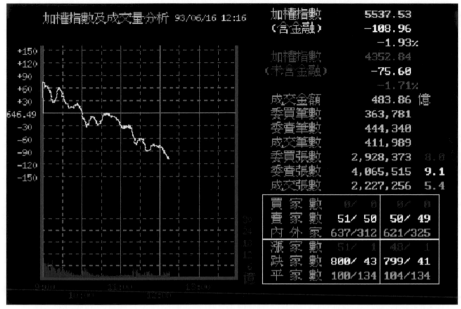

看盤解讀

（1）有心買賣股票的投資人一定要先觀察當天的買進力和賣出力，如果開盤5分鐘，賣出力道明顯大於買進力道時，你不妨先觀察大盤變化再決定買進，因為買到較低價股票的機會相當高。同樣的如果開盤後買進力遠大於賣出力時，則大盤若未出現特別的變數，股價上漲的機會大增。

（2）如果大盤指數處於低檔，連續多日買進力大於賣出力時，則大盤即將進入回升或反彈；相反地，如果大盤出現一波大漲後，連續多日賣出力大於買進力時，則後市可能將出現大回檔。

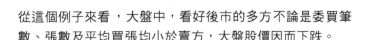

從這個例子來看，大盤中，看好後市的多方不論是委買筆
數、張數及平均買張均小於賣方，大盤股價因而下跌。

看盤技巧二
五分鐘價量變化分析

對於盤面短線交易熱中的投資人，會對大盤每5分鐘的價量進行分析，了解盤面是大戶在買進還是在出脫，從而決定是否進行買進或賣出。

實例說明

投資人小張擅長使用5分鐘價量分析法作為指標，並根據量價變化決定進出，在某一交易日中，他的交易紀錄表顯示，和前一交易日加權指數相比，在5分鐘價量變化出現了與前一交易日不同的訊息。

	交易時間	9：05	9：10	9：15	9：20
前一交易日	加權指數	5600	5620	5590	5560
	成交量（累積數）	15億	25億	35億	42億元
當日	加權指數	5570	5580	5590	6010
	成交量（累積數）	20億	40億	65億	90億

看盤解讀

（1）前一交易日的前面四個時段的5分鐘交易，每一個時段的成交量是持續遞減，第一個交易時段（9：00～9：05）成交量是15億，第二及第三個交易時段均只有多10億元，第四個交易時段（9：15～9：20）甚至降至7億元，追買意願明顯甚低，而指數也在追價力量不強的情況下，逐步下跌。

（2）今天交易的情況與前一交易日狀況相較大為改觀，第一個交易時段成交量就增至20億元，且每個5分鐘交易時間成交量均高於前一交易日，至第四個交易時段成交量90億元，比上個交易日多出1倍，加權指數持續上漲。

小張運用5分鐘的量價觀察，認為明顯有大戶看好買進，後市可望揚升，因此下單買進。

看盤技巧三
龍頭股走勢觀察法

在股市交易的龍頭股中，如塑化業的台塑、金融業的國泰金控，以及電子業的台積電、友達、廣輝、華碩等都是總市值高的龍頭股。股市開市後，如果龍頭股意興闌珊，成交低迷，賣盤不斷時，通常這不會是好兆頭。

看盤解讀龍頭股

（1）會進場買龍頭股的大都是法人機構、大戶投資者，他們對股市的敏感度高，對於後市看好時，他們會以大單買進屬於高權值、進出活絡的龍頭股；如果這些龍頭股一開盤就交易十分活絡，表示法人活動積極，股價上漲機會大。

（2）龍頭股表現強勢時，往往更會帶動二、三線股票向上攻堅，中實戶投資人若看到龍頭股表現好，進場買入落後補漲的股票意願也會增加。一般而言，如果龍頭股不熱絡，只靠幾檔股市小兵撐不起大盤。

（3）如果龍頭股股價表現不佳時，對於看盤投資人而言，最好就是退場觀望。如果龍頭股沒表現，而你手中持有產業的二線股或三線股，表現的機會就更少了。

對於有經驗的看盤投資者而言，當一開盤龍頭股都沒有好的表現時，盤勢盤整或下跌的機會就比較大。

看盤技巧的限制

股票是多變化，且受各種訊息影響相當大，看盤技巧有相當的參考價值，但有時會有一些突發的利多或利空，也會使得看盤技巧無法發揮；例如政府基金盤中護盤或是個別公司突然的天災、國外股市的暴漲暴跌等，都會使得看盤技巧失去作用。

什麼是除息、除權參考價？

影響股票價位變動的因素，除了每日的股價變動外，上市公司有獲利分配時，也會訂定一日為除權除息基準日，而公司的股票在除息除權基準日當天，會由台灣證券交易所訂定除權除息參考價。

友達光電民國93年5月27日為除權除息日，假設股票前一日收盤價67.3元，每股權息值4.24元時……

計算公式

除權除息參考價
＝股票前一日收盤價－每股權息值

除權除息參考價的理論價格：

67.3元－4.24元＝63.06元

實際上除權除息參考價為63元

當天漲停板是67元

63×（1＋7%）＝67.41元＞67元

跌停板是59元

63×（1－7%）＝58.59元＜59元

除息、除權現金股利及股票股利計算詳見第102～107頁。

期貨和股票變動有何關聯？

近年來國內期貨市場十分熱絡，期貨市場是股市的領先指標，由期貨市場的動向可以先行預期股市的表現，所以一般來說，期貨是股市領先指標。從下面指標你可以看出股票後市看多或看空。

目前台灣期貨市場有三種類型的期貨交易，即台灣加權指數期貨、電子期貨及金融期貨；交易時間是在早上8時45分開市，下午1時45分收市。

〔 期貨 vs. 股票 〕

正價差

期貨價位高於現貨價位稱為正價差，表示期貨市場投資人對後市十分看好。

實例說明

台股加權指數前一交易日收盤時是5600點，而加權指數期貨早上8時45分開盤時，開出5720點，出現正價差達120點。

期貨5720－現貨5600＝120點

表示對於台股敏感度高的投資人看好後市會出現相當的漲幅，願意用比較高的價位買台指期貨商品。就股市而言，當天開盤時開出高盤的機會相當大。

逆價差

期貨價位低於現貨價位稱為逆價差，表示期貨投資人看淡股票後市表現。

實例說明

台灣加權指數前一交易日收盤是5600點，而加權指數期貨一開盤就直接摜殺至5550點，出現逆價差50點。

期貨5550－現貨5600＝－50點

表示期貨市場投資人看淡當天股票的行情，只願用較低的價位買台指期貨商品，台股開出低盤的機會可說是非常高。

上班族什麼時候適合看盤？

對於上班族而言，過度密集的看行情往往會影響到工作或事業表現，「手中有股票、心中無股價」的理想境界一般人都難以達成，下面是每天看盤的適當時機，既不用擔心影響工作表現，也能充分掌握股價動態。

錯誤的看盤習慣

1 隨時都在上網，或是動不動就打電話給營業員，過分集中心力在股價的漲跌。

2 對於每一樣技術指標、價量分析等都完全投入，忽略了本業工作或其他有益的進修活動。

3 聽到任何風吹草動，就認為一定和股市有關，必須看盤了解股價變動，讓股票價位的變化完全主宰了生活樂趣。

股市

【看盤時機】

1 開盤時

開盤時看看大盤，可以了解整體金融市場，除了股市外，還有匯市等金融市場，知道今天整體金融市場的概況，也可以增加出門展業時和客戶談天的話題。

2 盤中客戶詢問時

有些金融從業人員必須提供相關最新的財金資訊滿足客戶需求，此時就應該上網看看大盤指數，或客戶投資的股票，掌握客戶最新的動態。

3 下班後

下班後不管當天的股票漲跌，已經不會干擾你工作的情緒，而且一天工作完畢後，除了正常的薪資外，看看自己的股票金融資產有沒有成長，心情上已較輕鬆，這也是看盤的好時機。

4 想買或賣股票時

投資人想買或賣股票時，除了平時的資訊外，大盤及個股買賣量、價變化須加以了解，才能買到合理價位股票，或是將要出售的股票賣到合適價錢。

如何賣股票收回現金？

對投資人而言，賣出股票的過程也相當容易，通常投資人可以透過下列四種方式賣股票：

賣股票的四種方式

現場下單

親自在營業櫃檯填寫賣出委託書。賣出委託書上填寫證券帳號、賣出股票名稱、數量。

把填好的委託書交給營業員。

成交後營業員會告訴你股票賣到什麼價位。

股票賣出後，在現行的款券劃撥制度下，交易完成後的次交易日，也就是第二個營業日是股票匯撥日，投資人的股票會在集保公司帳戶中扣帳，也就是賣出多少股票，證券存摺中這筆股票被扣除，至於第三個營業日是股款匯撥日，屆時賣出的股票交割款項將會進帳。

電話下單

一般人無法親自到營業櫃台，可使用電話下單方式，只要告知營業員證券帳號，賣出股票的名稱和數量。

證券營業員將會代填委託單。

利用電話查詢是否成交。

電話語音下單

親自打電話到證券商的語音交易專線。

接通後，在電話按鍵上輸入證券帳戶、密碼。

待確認後即可依指示輸入要賣出的股票代號、賣出價格及賣出數量，並加以確認。

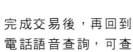

完成交易後，再回到電話語音查詢，可查出要賣出的股票是否已成交。

網路下單

上網後，利用券商提供的網路下單平台進行交易。

依指示輸入使用人姓名、密碼等，確認成功後，再輸入要賣出的股票名稱、希望賣出股價與賣出張數。

相關資料確認無誤後再按確認鍵。

再確認股票是否依照所期待的價格賣出。

如何計算資本利得？

股票投資者心中最期待的，就是買進後股票一如預期上漲，賺到投資的差價，其次就是期待公司分紅配股，不論你只是想賺短線差價或是長期的股利配息，首先要計算出自己的股票投資是不是賺到錢了。

計算資本利得

股票投資人買進股票，在股票上漲後賣出賺取價差，稱之為資本利得。

資本利得：
賣出股價 ＞ 買進股價

計算資本利損

投資人買進股票後，在股價下跌後出售產生虧損，則稱之為資本利損。

資本利損：
賣出股價 ＜ 買進股價

計算公式

賺賠金額
＝（投資人賣出股價－當初買進股價）×持有股數

實例說明

林智鈴於民國93年3月間，看好友達後市，以每股56元買進友達股票1張（1000股），持有至4月中旬後，他發現友達股價高漲至每股73元，他決定賣出友達股票，買賣之間產生利差，也就是資本利得。

（73元－56元）×1000股＝17,000元

賺錢

實例說明

小美看好友達後市上漲潛力，在4月中旬以每股75元買進友達股，而後持股持續下跌，他不想參與除權除息，於是在5月26日以每股69元賣出，產生資本利損。

（69元－75元）×1000股＝－6,000元

虧損

如何計算股利？

投資人參與股票投資，除了賺取資本利得外，還有可能賺到股利利得，參與除息除權後到底賺不賺錢，投資人必須將除息的現金股利、除權的股票股利加入計算，才能求出買這檔股票有沒有賺到利得。

計算現金股利

計算公式

現金股利＝配發股利×持有股票股數

實例說明

林智鈴持有友達股票1張，友達股92年決議配發現金股利1.2元，這時，林智鈴可以領到的現金股利是多少？

每千股可領取現金股利：
1.2元×1000股＝1,200元

計算股票股利

計算公式

股票股利價值＝股票股利×股票市價

上市上櫃公司有時會將上一營業年度盈餘以股票方式發放股利，稱之為股票股利。

實例說明

林智鈴領取92年友達股票股利每千股50股，若以6月5日每股市價是56元，則友達50股的市價是多少？

每千股股票股利價值：
56元×50股＝2,800元

參與現金增資的損益計算

公司在經營過程中會辦理現金增資，也就是讓原來的股東以現金增資方式來認購公司的股份。一般公司現金增資的價位都會低於目前的股價，有利股東認購獲利，這也是投資上市上櫃公司股東經常出現的投資利得之一。

台灣企銀為了改善財務結構，辦理現金增資55億元，現金增資每千股可以認購120股，每股溢價訂為10.5元，老李持有1000股台灣企銀股票，原來持股成本是12元，他決定參與現金增資，則現金增資後的損益為何？

1 計算出參與現金增資後的新持股成本

計算公式

現金增資後的持股成本
＝【原來的持股成本＋新的持股成本】
÷增資後股數

【 12元×1000股＋10.5元×120股）÷1000股＋120股 ）≒11.84元

2 和目前股價比較

台企銀股價目前是13元時，老李出售持股獲利如下：

（13元－11.84元）×1120股≒1,299元

參與除息、除權的損益計算

投資人買賣股票除了賺取股價波動的差價外，許多投資人也會參加除息、除權領取現金股利和股票股利，參與現金股利和股票股利領取後，你的股票投資成本會改變。因此，你必須知道你的投資成本發生哪些變化，才能知道投資這檔股票是不是真的賺到錢。

〔除息＆除權〕

除息
上市上櫃公司發放現金股利給股東的那天，由於收息已分配給股東，因此稱為除息日。凡是參與過戶除息的股東，均得享有領息的權益。

除權
股票上市公司除了發放現金股利外，也可以發放股票股利，即股權，也就是一般俗稱的股子、股孫。決定發放股票股利的日子就是除權交易日。

實例説明
友達光電92年獲利不錯，決定每千股配發1,200元的現金股利（即每股1.2元現金）以及50股的股票股利（即0.5元股票股利），並訂93年5月27日除息及除權，也就是在5月26日（即除息及除權日的前一股票營業日）收盤前買進友達光電的投資人，就可以享有參與股票除息、除權的利益。

一般來說，發放100股即表示發放1元股票股利，所以每千股發放50股股票股利時，就等於發放0.5元股票股利。

林智鈴看好友達的前景,在5月26日以友達的收盤價每股68.5元買進1000股,而且取得參與友達股票除息除權的權利,則除權、除息後,他所持股的成本是多少?

除息部分

林智鈴以每股68.5元買進友達股票,每股現金股利是1.2元
除息後的基準價格＝收盤價－股息＝68.5－1.2＝67.3元

如果一家公司只分配現金股利,則除息後的基準價格稱為除息參考價,也就是假如友達只分配股息,林智鈴買到友達股票後可以領取1,200元的現金股利,只要未來股價漲到除息價67.3元以上稱為「填息」,如果除息後持續跌落至67.3元以下稱為「貼息」;投資人參與除息自然是希望填息才能賺到錢。

除權部分

林智鈴買進友達股票1張,可以配到50股股票股利
除權後的基準價格計算＝（除權前一日收盤價－息值）÷（1＋配股率）
＝（68.5－1.2）÷（1＋0.05）＝67.3÷1.05＝64.09元

經過除息除權之後,如果友達的股票能漲回64.09元以上,林智鈴就能獲得「填息填權」的投資利益。如果跌落到64.09元以下,則林智鈴買友達就成了「貼息貼權」,這可就划不來了。

除權除息參考價訂定

股票除權除息日，台灣證券交易所會公布一個經過計算後的新參考股價，即「除權除息參考價」，此一價位會在財經報紙或理財網站揭露，這個價位會考量原股東的權息值分派外，也會考量公司有董監事酬勞，大量員工配股稀釋等，因此實際價格會更低。

實例說明

以友達光電而言，如果只有原股東配股而言，除權除息參考價是64.09元。但是，由於有相當大比例員工配股，使得台灣證券交易所實際除權除息參考價是63.06元，相當於投資股東對於每張股票要補貼1,000元給員工及董監事酬勞，換句話說，林智鈴在參與除息除權時無端就每股降低了1元的價值。

> 台灣的高科技公司高員工分紅的情況，投資人要十分小心；以往高科技公司高配股配息後，因為能夠快速填息填權，因此投資人不在乎員工及董監的股利分派，而現在高科技股票表現平平時，這種除權除息參考價大幅下調的情況常見，投資人不可掉以輕心。

除息除權損益計算

除息除權損益計算就是計算投資人參與除權除息後是不是有賺錢。

計算公式

賺賠金額
＝（市價×股票總數＋已領取股息）－（買進時股價×股數）

實例説明

林智鈴以每股68.5元買進1000股友達股票，並參加除權除息，到了6月5日時，友達股只有56元，林智鈴參加配股配息划得來嗎？

林智鈴持有友達股票的還原值－原持有成本
＝（市價×股票總數＋已領取股息）－（買進時股價×股數）
＝【（56元×1050股＋1,200元）】－（68.5元×1000股）
＝60,000－68,500
＝－8,500元

林智鈴參與友達除權除息的結果反而是虧損

手續費與交易稅

股票投資人在買賣股票時，除了必須支付股票的價金外，同時在買進股票時，必須繳納證券公司買進手續費；在賣出股票時，除了繳付賣出手續費外，還必須支付證券交易稅金。

買進手續費

買進手續費目前標準為0.1425%。

計算公式

買方應支付的手續費
＝買進成交金額×0.1425%×買進股數

實例說明

林智鈴買進1張友達股票，買進價位是每股56元，他應繳納多少買進手續費？

林智鈴應繳納的手續費：
56元×0.1425%×1000股≒80元

賣出手續費

賣出手續費目前標準也是0.1425%。

計算公式

賣方應支付的手續費
＝賣出成交金額×0.1425%×賣出股數

實例說明

林智鈴在每股56元買進1張友達股票，並在每股75元賣出，應繳納多少賣出手續費？

賣出手續費：
75元×0.1425%×1,000股≒107元

證券交易稅

在賣出股票同時，投資人還必須同時繳納一筆證券交易稅。

計算公式

證券交易稅金額
＝賣出價位×0.3%×賣出股數

實例說明

以林智鈴賣出友達股票為例，應繳交的證交稅是多少？

證交稅：75元×0.3%×1000股＝225元

投資的真實利得

計算公式

總成本支出＝買進價＋買進手續費＋賣出手續費＋證券交易稅
損益金額＝賣價－總成本

實例說明

林智鈴在賣出友達股票後，結算總成本支出如下：

買進價＋買進手續費＋賣出手續費＋證券交易稅
＝（56元×1000股）＋80元＋107元＋225元＝56,412元

計算損益：賣價－總成本＝（75元×1000股）－56,410元＝18,588元

對於林智鈴而言，買賣友達的這筆交易賺錢了。

我的股票是賺？還是賠？

投資人買賣股票時，除了必須算計股票的買進成本外，中間的各項配息、配股也都要算進去，再扣除各項費用後，才能計算出實際的損益。

實例說明

林智鈴看好友達的前景，在5月26日，以友達股票收盤價每股68.5元買進1000股，取得參與友達股票除息除權的權利（每股發放現金股利1.2元、每千股發放50股的股票股利），而後由於友達持續下挫，於是他以55元售出全部持股，結果他的股票到底是賺還是賠？

資本利得

賣出收益－買進成本
＝（賣出股價×除權後股數）－（買進股價×原來持股數）
＝（55元×1050股）－（68.5元×1000股）
＝－10,750元

現金股利

1.2元×1000股＝1,200元

對於股票投資人而言，第一個面臨的問題，就是如何將資金適當分配到好的股票組合上。所以在選股票時，切勿心急，仔細評估慎選後，才能在完善的投資組合中降低風險，進而獲利。

計算公式

股票投資損益
＝資本利得＋現金股利－交易手續費－證券交易稅

交易手續費

買進交易手續費：

買進成交金額×0.1425%×買進股數

＝68.5元×0.1425%×1000股≒97元

賣出交易手續費：

賣出成交金額×0.1425%×賣出股數

＝55元×0.1425%×1050股≒82元

證券交易稅

賣出股價×賣出股數×0.3%＝55元×1050股×0.3%＝173元

林智鈴售股損益

＝－10,750＋1,200－（97＋82）－173＝－9,729元

林智鈴參與友達除權，由於友達除權表現不佳，因此虧損了9,729元。

第**4**部

操作秘笈

股市交易除了買進及賣出股票的單純交易方式外，尚有其他各種靈活的交易方式，新手投資人一旦更熟悉股票市場後，就可以運用本部內容中的交易策略，增加在股市投資獲利的機會。

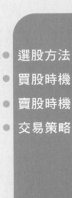

- 選股方法
- 買股時機
- 賣股時機
- 交易策略

從金融指標變化決定進場時機

金融指標的變化雖然對於股市不至於有立刻衝擊，但長時間的影響相當深遠，下面三個金融指標是選股時機的重要參考。

指標一
貨幣供給額指標（M1b）

金融市場流動資金增加時，M1b月增率提升，也就表示金融交易出現活絡情況，同時也表示買入股票的活期儲蓄出籠，股市開始有活絡向上的跡象。

貨幣供給額持續增加，且年增率持續大幅領先廣義貨幣供給額（M2）時，股市通常會展開一波反彈或回升行情，表示活存的增加速度領先於整體貨幣供給量的增加速度，股市資金活水正大筆湧入，有助股價上漲。

有些資深的投資人會以M1b年增率達20%作為投機指標，通常這表示股市活期資金過度活躍，有強烈的投機傾向，此時積極進場風險大增。此外，台股通常有元月效應，也就是1月行情好，其實就是年終獎金發放後，活期資金增多，M1b年增率隨之提升，使得股市更容易有活力，因此年底布局的投資人往往1月底就有收穫進帳。

有關貨幣供給的三個名稱
M1a：現金＋支票存款＋活期存款
M1b：M1a＋活期儲蓄存款
M2：M1b＋定期存款

114

貨幣供給額與股市多空的關係

市場資金變化情況	貨幣供給額變化	股市變化情況
活存增加小於定存增加	M1b年增率＜M2年增率	股市資金不足，低迷持續破底
活存增加小幅大於定存增加	M1b年增率＞M2年增率（小幅領先4～6個百分點）	投入股市活儲資金漸增，多數個股止跌不再破底
活存增加速度持續超越定存增加速度	M1b年增率＞M2年增率（領先6～8個百分點）	股市活水增加，開始初升段上漲
活存增加速度持續穩定超越定存增加速度	M1b年增率＞M2年增率（領先8～12個百分點））	股市活力大增，法人、自然人大量投入，可能產生強勁的多頭主升段行情
活存增加速度大幅超越定存增加速度	M1b年增率＞M2年增率（超越12～15個百分點）	股市逐漸過熱，經常大漲大跌，投資風險開始增加

註：表中有關百分點是提供投資人的參考經驗值，台股走勢經常與此一經驗值十分接近。

貨幣供給額統計單位中央銀行，網址是www.cbc.gov.tw，公布的時間是每月25日，提供的數據是上個月的貨幣供給額。

指標二
利率指標

利率是投資的機會成本；也就是說，如果你手中有一筆錢，是拿去買股票賺到的錢比較多，還是放在銀行比較划得來？利率未來的走向也經常會影響投資人的決策，一般而言，持續降息時，投資人會將資金投入有穩定收息的績優股，則股市可望回升；即將升息時，投資人往往會觀望，有些保守型投資人會轉而出售股票改存定期存款。以台灣利率走勢而言，最近6年來持續走低，到了年底，銀行1個月期的平均牌告利率如右：

民國87年～92年 1個月期平均牌告利率	
民國	銀行業平均存款利率（％）
87	5.44
88	5.03
89	5.00
90	2.41
91	1.86
92	1.40

資料來源：《中央銀行月刊》

目前不願投資股票的要因

目前的存款利率已到達台灣金融歷史最低點，許多股票的股利率（股利÷股價）都有可能超過6％，高於銀行的存款利率，而投資人寧可持有存款而不願意買股票，主要基於下列原因：

（1）股票投資可能有跌價風險，但銀行存款無此風險。

（2）台灣許多產業業績起伏大，時而賺錢時而大虧，無法給予投資人長期明確期待。

（3）銀行利息收入減少，可用於投資資金減少，因而減少買股票支出。

實例說明

小鈴手上有3萬元，現在中國鋼鐵公司1張股票3萬元，去年配息3元，股利率是10%，而銀行利率是1.5%，小鈴該如何判斷將錢存銀行好還是應該買股票？

狀況 1

不買股票將錢存銀行1年後的收益：30,000×（1＋1.5%）＝30,450元

狀況 2

錢不存銀行，將3萬元拿去買進中鋼股票，取得3,000元的股利

損益平衡點
＝（銀行1年後的穩定收益－已領取股利）÷中鋼股數
＝（30,450－3,000）÷1000股＝27.45元

結果 1

如果領完股息後中鋼股價1年內都能超過27.45元，則表示參加除息划得來。

結果 2

若是除息後股價跌落至27.45元之下，表示股價下跌的損失高過參加除息的利得。

指標三　匯率指標

台灣是一外銷開放的小型經濟體，匯率是影響股市的重要因素；新台幣兌美元升值時，表示你可以用比較少的新台幣換到等值的美元；新台幣兌美元貶值時，你就必須用更多的新台幣才能換到等值的美元。由過去10年的股價與匯率資料分析顯示，台灣過去10年是屬於貨幣持續貶值的市場，因此整體股市每年高低波動雖然相當大，但總體的加權指數仍是滑落的。由此可見貶值對於股市的長期殺傷力不可忽視。

過去10年股價與匯率走勢關係

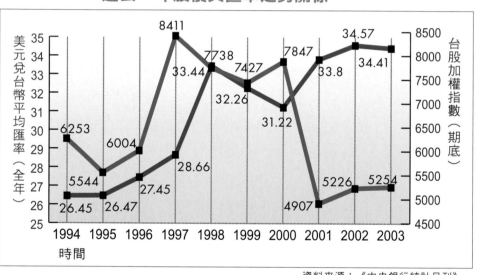

資料來源：《中央銀行統計月刊》

為什麼匯率會影響投資？

一般而言，貨幣升值的國家通常股市較強勁，因為這意味著這國家政治安定，經濟繁榮，且可能有相當大的國際收支順差（出口金額＞進口金額），這樣的投資環境，除了本地投資者外，也同時會吸引外來投資者。貨幣貶值的國家股市會趨於疲弱，因為這國家可能是政治不安，經濟衰敗，且可能出現國際收支逆差（出口金額＜進口金額），這樣的環境，外資不敢投資，本地資金也會逃離。

產業週期和股價週期

對長期的股票投資族而言，除了解讀外在金融環境外，最重要的事情就是選對產業，一開始就要選擇好的產業，再由好的產業中挑出具有競爭力的公司，大部分產業都會度過所謂的「產業週期」；了解產業週期與股價的循環，將有助於你掌握產業復甦時機，提前在相關股票布局獲利。

產業週期

大部分的產業都會出現下列情況，初創產業時的「欣欣向榮成長期」、「產業獲利高峰期」、「獲利衰退期」、「營運進入谷底期」，而後進入「營運復甦期」；這一個週而復始的循環就是企業的生命週期。

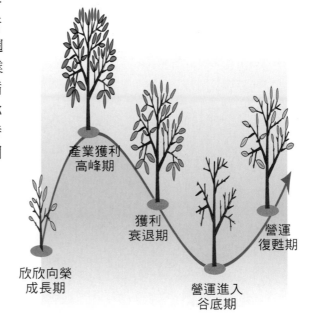

產業獲利
高峰期

獲利
衰退期

營運
復甦期

欣欣向榮
成長期

營運進入
谷底期

當然也有一些過時的產業不會產生營運復甦期而直接進入「死亡期」，如台灣早期的煤礦業、合板業、拆船業等，是一般產業經營者都面臨的情況。投資人要了解產業週期，但也要了解有些行業真的過時，那就完全不能投資。

股價週期

一般認為股價週期領先產業週期約半年，也就是當產業營運快要脫離谷底時，股價已開始翻升。進入營運復甦期、成長期的階段時，股價全面欣欣向榮，漲勢越發凌厲；產業獲利高峰期時，股價進入高原，無力創新高，而在獲利高峰期的末段，股價逐步回跌，接著進入獲利衰退期及營運谷底初期時，股價加速重跌之後，在谷底區股價呈現低迷，無量的形態，期待另一次的營運復甦來臨。

產業週期vs.股價週期

獲利高峰期

營業概況：產能滿載，公司經營者經常辦法說會，上新聞媒體談經營成功之道，大幅投資擴充產能

股價週期：股價進入高原期，且有逐步走軟趨勢

價量變化：高檔整理，出現最大量成交，但股價悄悄由最高價回跌了15%

成長期

營業概況：每月均有營收獲利改善消息傳出，公司訂單增加，獲利每月創新高

股價週期：強勢上升期

價量變化：價量齊揚，股價出現1倍至數倍上揚走勢

投資陷阱

股票市場中最大的陷阱就是股價週期與營業週期不相同的投資陷阱，舉例來說，台灣投資人在民國89年第1季時買到200元1股的台積電，在93年第1季買進75元1股的友達光電。這兩檔股票當時在媒體、業界看好聲中，股價在很短的時間就大跌了20%以上，因為產業高峰期時，股價週期就已由高峰回落了，股價週期領先營業週期半年左右，許多人因此陷入投資泥淖，進退不得。

谷底期

營業概況：產能嚴重閒置，虧損累累，甚至可能裁員

股價週期：跌勢趨緩

價量變化：利空不跌，股價每天只有小幅波動，成交量只有天價區的十分之一甚至更少

衰退期

營業概況：產能過剩，經營者不再出面接受採訪，營收獲利逐月下降

股價週期：股價加速下跌

價量變化：利空不斷，跌勢不止，股價進入難以忍受的下跌走勢，跌幅為高價區的5～8成，成交量開始萎縮

復甦期

營業概況：訂單再度湧入，開始尋找新員工，開始單月損益兩平，產能利用率提升

股價週期：緩步回升

價量變化：少許買盤進場，股價向上推升，雖有賣壓，但股價不再跌回低點，緩步築底向上

財務報表選股法

有句俗話說：「景氣好時也有人賠錢，景氣壞時仍有人賺大錢。」了解金融產業指標可以減少你逆勢操作的風險，但是，一家經營穩當的公司「時機不好時能賺錢，時機好時更可賺大錢」，你要找出這種好公司，就必須具備基本的財務分析能力，看懂重要的營運指標，才能選到好的投資標的。投資人應就上市上櫃公司所提供的財務報表內容，了解自己投資的公司是不是有潛力、會賺錢的公司。

賺錢能力要看損益表

一家公司如果能夠賺到大錢，除了可分配股東股利外，股價也可望大漲，損益表內會記錄公司的營業及獲利情況，如果營業收入持續成長，每股盈餘節節高升，這樣的股票你可安穩持有，甚至逢低加碼；但如果營業收入持續衰退，獲利一年不如一年，這樣的股票必須立即出脫，不宜持有。而損益表中，主要必須檢視的內容有下列六項。

1 營業毛利

營業收入扣除產生這些收入的產品或勞務成本，所得到的數字就是營業毛利；簡單來說，就是營業收入扣除營業成本。營業毛利率越高，表示產品的利潤越好；不同的產業也會有不同的毛利率，晶圓代工的毛利率可到達45%，但筆記型電腦可能就只有6%～8%。

件一）

項　目
營業收入淨額
營業成本
營業毛利
營業費用
推銷費用
管理及總務費用

一家上市上櫃公司每季、半年及整年均會提供完整的兩份主要財務報表，即「損益表」、「資產負債表」，以及兩份次要財務報表，即「現金流量表」及「股東權益變動表」，以作為投資人參考。投資人要投資前，也可先上台灣證券交易所網站瀏覽各家公司的相關財務資訊，再決定是否進場買股。

2 營業收入

企業提供產品銷售、勞務銷售產生的收入，數字越高，表示收入越好。

台塑石 限公司

損益表

民國 年

單位：新台幣仟元

92年1月1日至12月31日		91年1月1日至12月31日	
金　額	%	金　額	%
236,520,163	100.00	169,389,585	100.00
208,253,378	88.05	153,305,485	90.50
28,266,785	11.95	16,084,100	9.50
6,623,801	2.80	5,126,411	3.03
4,254,114	1.80	3,397,239	2.01
2,358,377	1.00	1,727,486	1.02
1,310		1,686	

3 營業外收入 ◄

除了本業經營之外，企業可能因為買賣土地、股票或其他非本業的產品產生營業外收入；投資者必須了解這些業外收益是公司開拓出來的長期穩定收益，或者只是一次性收益（如賣地或賣股）；一次性收益在長期投資評價上較穩定收益來得低。

4 每股盈餘 ◄

每股盈餘（EPS）是投資人最關心的數字，它是「稅後純益」除以「發行股數」得出的數值。每股盈餘高，表示公司股東每1股未來可配發的股利、股息會更多；同樣的，如果每股盈餘甚低，或者是出現負數，表示公司不賺錢，股東將無利可圖。一般而言，每股盈餘在1.5元以上的公司都算得上是經營有績效的公司，每股盈餘越多，股價通常就越高。

營業淨利(損)	
營業外收入	
利息收入	
按權益法認列之收益	
股利收入	
處分固定資產利益	
處分投資利益	
商品盤盈	
兌換盈益	
租金收入	
存貨跌價回升利益	
其他收入	
營業外支出	
利息費用	
處分固定資產損失	
存貨盤損	
兌換損失	
存貨跌價損失	
財務費用	
其他損失	
本期稅前淨利	
減：預計所得稅費用(利益)	
本期稅後淨利	
簡單每股盈餘(新台幣元)	

,984	9.15	10,957,689	0.47
7,113	1.50	3,968,946	2.33
5,253	0.05	95,611	0.06
5,719	0.54	958,055	0.56
5,550	0.01	10,859	0.01
,031			
7,452			
,868	0.18	190,443	0.11
9,310	0.39	739,574	0.44
2,515	0.06	85	
		768,791	0.45
7,415	0.27	1,205,528	0.71
9,114	2.70	6,311,010	3.72
9,363	2.05	5,129,402	3.03
5,368		2,303	
9,107	0.11	242,967	0.14
4,276	0.54	936,338	0.55
0,983	7.95	8,615,625	5.09
3,913	-0.06	-2,813,854	-1.66
4,896	8.01	11,429,479	6.75
2.42		1.46	

5 稅前利益
一家公司在完納相關
稅捐前的獲利金額。

6 稅後純益
一家公司在完納相關
稅捐後的獲利金額。

財務堅實看資產負債表

投資人可以從資產負債表了解一家公司資產及負債配置的情況；公司是保守穩健、以自有資金及適度負債經營，還是擴張積極、大舉舉債擴充業務？公司短期營運週轉會不會有問題？資產運用高不高？這些訊息都可由資產負債表看出來。

民國92年及91年12月31日

資　產	92 年 12 月 31 日		91 年 12 月 31 日		負債及股東權益
	金　額	%	金　額	%	
流動資產	76,300,060	23.25	56,174,916	18.01	流動負債
現金、週轉金及銀行存款	658,825	0.20	836,573	0.27	短期借款
短期投資	9,333,548	2.85	545,306	0.17	應付同業往來
應收票據淨額	2,043,342	0.62	1,925,101	0.62	應付短期票券
應收帳款淨額	14,346,670	4.37	8,576,739	2.75	應付票據
應收帳款-關係人淨額	10,661,788	3.25	8,152,950	2.61	應付帳款
其他應收款	2,771,663	0.85	2,780,121	0.89	應付帳款-關係人
其他應收款-關係人	630,649	0.19	957,679	0.31	應付費用
其他金融資產-流動	277,421	0.08	988,278	0.32	其他應付款-關係人
存貨	29,676,441	9.04	26,779,557	8.58	其他應付款
預付款項	1,735,276	0.53	1,555,128	0.50	預收款項
其他資產-其他	404,467	0.12	410,277	0.13	特別盈餘公積
					未分配盈餘
資產總額	328,168,036	100	312,011,106	100	負債及股東權益總額

公司資產負債表的左方是資產，右方是負債及股東權益；資產負債表又稱平衡表（資產＝負債＋股東權益）；一家公司資產是由很高的負債和很少的股東權益形成時，表示這是一家積極運用財務槓桿的高負債比公司，而一家公司資產是由很低的負債和極高的股東權益形成時，則表示這家公司是運用自有資金投資的低負債比公司。

資產內容中與營運有關的項目

2 應收帳款

企業銷售產品給客戶會產生應收款，應收款與銷貨間應保持一定比率。如果公司應收帳款一直擴大，就表示收帳能力出了問題。

3 存貨

即一家公司的產品原料、半成品及未出售成品等。一家公司必須有適當存貨量，存貨持續增加的公司表示產品不受喜愛，銷售出了問題。

1 資產

即企業資產的規模大小。資產規模大的公司較能因應不景氣的衝擊。

負債內容中與營運有關的項目

1 長短期負債配置

一年內到期的負債稱為「流動負債」。如果流動負債占總負債比重過高時，短期內如果沒有充裕資金支應到期負債，會發生經營風險。

2 負債比例

即「負債金額」除以「總資產」得出的數值；一家公司的資產結構是否健康，首先要看負債比例，如果負債占總資產的比重高達70%以上，通常表示這家公司有過度舉債經營的傾向，一旦運轉不順或銀行放款利率調升時，營運會立刻受到衝擊。一般而言，負債比率在60%以下的公司都仍稱得上健康；負債比率甚少的公司，短期內不會出現財務困難，但也有可能是事業投資開拓過度保守。

單位：新台幣仟元

負債及股東權益	92 年 12 月 31 日 金額	%	91 年 12 月 31 日 金額	%
流動負債	73,290,014	22.34	49,055,670	15.72
短期借款	22,841,321	6.96	21,930,029	7.03
應付同業往來	3,054,700	0.93	593,000	0.19
應付短期票券			399,878	0.13
應付票據	47,490	0.01		
應付帳款	7,977,367	2.43	7,992,578	2.56
應付帳款-關係人	857,894	0.26	649,421	0.21
應付費用	6,407,452	1.95	5,581,121	1.79
其他應付款-關係人	380,334	0.12	246,361	0.08
其他應付款	610,846	0.19	1,168,269	0.37
預收款項	120,391	0.04	102,021	0.03
一年內到期長期負債	30,941,583	9.43	10,367,202	3.32
其他流動負債	50,636	0.02	25,790	0.01
長期負債	113,841,580	34.69	133,017,723	42.63
應付公司債	35,500,000	10.82	37,200,000	11.92
長期借款	40,464,864	12.33	95,460,723	30.60
長期應付票據	37,876,716	11.54	357,000	0.11
其他負債	1,256,004	0.38	660,974	0.21
應付退休金負債	578,808	0.18	408,796	0.13
存入保證金	2,122		1,841	
應付保管品				
其他負債-其他	675,074	0.20	250,337	0.08
負債總額	188,387,598	57.41	182,734,367	58.56
股東權益	139,780,438	42.59	129,276,739	41.44

和股東權益有關項目

1 股本

一家公司股本就是以面額計算的股票發行總額。股本越大，表示公司股東多，資金雄厚。

2 保留盈餘

公司保留可供往後年度發放盈餘的資金。保留盈餘多表示公司可供擴充的資金充裕，一旦不景氣時，也可望有保留盈餘資金來減低不景氣的衝擊。

負債總額	188,387,598	57.41	182,734,367	58.56
股東權益	139,780,438	42.59	129,276,739	41.44
股　本	78,400,000	23.89	70,000,000	22.44
資本公積	28,000,036	8.53	35,000,036	11.22
發行溢價	28,000,000	8.53	35,000,000	11.22
處分資產增益				
長期投資	36		36	
保留盈餘	33,380,402	10.17	24,276,703	7.78
法定盈餘公積	2,479,992	0.76	1,337,044	0.43
特別盈餘公積	10,326,297	3.15	7,500,683	2.40
未分配盈餘	20,574,113	6.27	15,438,976	4.95
負債及股東權益總額	328,168,036	100	312,011,106	100

3 公積

公司透過出售資產、發行現金增資溢價等產生公積，可供發放股利及敉平虧損之用。

值不值得當股東看股東權益變動表

有很多公司看來業績亮麗，但卻不值得去當股東，因為這公司過去虧損累累，就算狠賺3年也難補以前留下的破網；有些公司營運平平不起眼，甚至出現虧損，但以往獲利堅實留下不少祖產，股東權益豐厚。許多股票長線投資高手都會尋找股東權益豐厚，但短期獲利受挫、股價被低估的好股票。所以，從股東權益變動中可以看出這家公司的股利發放情況、股東、員工及董事等分紅情況，並且可以了解這家公司帳上還有多少公積及盈餘未發放。

（附件三）

1 股東權益◄

股東權益是由股本、公積及未分配盈餘構成，股東權益越大，表示每股的淨值高，股票投資價值大。

民國九十年十二月三十一日餘額
　民國九十年度盈餘分配
　　提列法定公積
　　提列特別公積
　　資本公積－處分資產增益迴轉
　　配合被投資公司資本公積迴轉
　　配合被投資公司調整累積盈虧
　　九十一年度稅後淨利
民國九十一年十二月三十一日餘
　民國九十一年盈餘分配
　　提列法定公積
　　提列特別公積
　　現金股利
　　盈餘轉增資
　　董事‧監察人酬勞金
　　員工紅利
資本公積轉增資
配合被投資公司調整累積盈虧
九十二年度稅後淨利
民國九十二年十二月三十一日餘

2 盈餘發放及指撥

指當年度的盈餘發放情況，也就是當年度你當股東可以領取的股利，盈餘發放多表示你當股東可以領到更多的「分紅」。

3 未分配盈餘

公司除了當年度發放的盈餘外，尚有未發放的盈餘，未分配盈餘越多，表示公司的根基扎實，更具有投資價值。

台塑石化股份有限公司
股東權益變動表
民國九十二年及九十一年一月一日至十二月三十一日

單位:新台幣仟元

| 股本 | 資本公積 | 保留盈餘 | | 未分配盈餘 | 權益調整 | 合計 |
		法定盈餘公積	特別盈餘公積			
70,000,000	35,239,254	931,132	5,068,364	6,608,548		117,847,298
		405,912		-405,912		
			2,432,319	-2,432,319		
	-176,539			176,539		
	-62,679			62,679		
				-38		-38
				11,429,479		11,429,479
70,000,000	35,000,036	1,337,044	7,500,683	15,438,976		129,276,739
		1,142,948		-1,142,948		
			2,825,614	-2,825,614		
				-8,400,000		-8,400,000
1,400,000				-1,400,000		
				-28,311		-28,311
				-2,831		-2,831
7,000,000	-7,000,000					
				-55		-55
				18,934,896		18,934,896
78,400,000	28,000,036	2,479,992	10,326,297	20,574,113		139,780,438

會不會跑三點半看現金流量表

大部分產生赤字倒閉的公司都是因為經營不善，但有些公司帳上很賺錢，而對客戶收現能力出問題，造成應收帳款不斷增加，出現了所謂黑字倒閉。現金流量穩定正常是公司營運的第一要務；再大的資產、廠房設備只要現金流量出問題，這家公司多年累積的信譽可能瞬間就會化為烏有。

1 營業產生的現金流量

因為經營上的盈損等產生現金流出或流入。

台塑石化股份有限公司
現金流量表
民國九十二年及九十一年一月一日至十二月三十一日

單位：新台幣仟元

項　　目	92年度	91年度
營業活動之現金流量		
本期稅後純益	18,934,896	11,429,479
調整項目：		
長期投資採權益法認列投資(收益)損失	-526,049	-315,293
處分固定資產損失	6,368	2,303
處分固定資產(收益)	-1,031	
固定資產轉列其他損失	43,548	
折舊費用(含出租及閒置資產)	8,853,284	7,501,162
報廢損失	1,769	
遞延費用攤銷	1,878,966	1,931,608
外幣資產負債匯率影響數	-386,324	-724,508
應收票據(增加)減少	-118,241	-1,919,927
應收帳款(含關係人)(增加)減少	-8,282,637	-7,842,539
其他應收款(含關係人)(增加)減少	-103,267	1,229,796
存貨(增加)減少	-2,896,884	-4,189,227
預付款項(增加)減少	-180,148	68,162
其他流動資產(增加)減少	8,860	-40,104
應付帳款(含關係人)增加(減少)	191,672	5,360,815
應付票據增加(減少)	47,490	
應付費用增加(減少)	826,330	214,763
預收款項增加(減少)	18,370	-61,655
應付退休金負債增加(減少)	170,013	108,475
遞延所得稅資產負債(增加)減少	-144,508	-2,813,854
小　　　計	-592,419	-1,490,024
營業活動之淨現金流入(出)	18,342,477	9,939,455
投資活動之現金流量：		
短期投資(增加)減少	-8,788,241	-500,000
其他應收款含同業往來(增加)減少	438,755	-878,372
長期投資(增加)減少	-243,375	-2,283

2 投資產生的現金流量

買土地、廠房設備或投資股票、債券產生的現金流出或流入。

3 現金及約當現金

一年內所有營業、投資及理財活動後，最後剩下的現金餘額，此一現金餘額若過低，企業可能就會有週轉困難的疑慮。

遞延⋯⋯(增加)減少	-144,508	,613,854
小　　計	-592,419	-1,490,024
營業活動之淨現金流入(出)	18,542,477	9,939,455
投資活動之現金流量：		
短期投資(增加)減少	-8,788,241	-500,000
其他應收款含同業往來(增加)減少	438,755	-878,372
長期投資(增加)減少	-243,375	-2,283
其他金融資產(增加)減少	564,938	-92,929
處分固定資產售價	21,260	985,336
購置固定資產	-5,197,466	-13,421,573
存出保證金(增加)減少	-61,768	2,411
其他資產-其他(增加)減少	5,810	-144,225
遞延費用(增加)減少	-2,101,027	-2,159,825
投資活動之淨現金流入(出)	-15,361,114	-16,211,460
融資活動之現金流量：		
短期借款增加(減少)	980,992	1,976,007
應付票據-償還一年內到期之長借	-3,048,458	-51,000
應付短期票券增加(減少)	-399,878	300,190
應付同業往來增加(減少)	2,461,700	593,000
其他應付款(含關係人)增加(減少)	-453,493	-1,460,971
其他流動負債增加(減少)	24,846	2,434
存入保證金增加(減少)	280	-22,397
其他負債增加(減少)	424,737	211,346
償還一年內到期之負債及長借	-15,271,233	-6,814,438
應付公司債增加(減少)	17,000,000	4,300,000
長期借款增加(減少)	3,500,000	7,732,000
支付現金股利	-8,400,000	
董監酬勞員工紅利	-1,100	
融資活動之淨現金流入(出)	-3,181,607	6,766,171
本期現金及約當現金增加(減少)數	-177,748	508,880
期初現金及約當現金餘額	836,573	327,693
期末現金及約當現金餘額	658,825	836,573
本期支付利息(不含資本化之利息)	4,888,923	5,384,279
本期支付(退還)所得稅	-53,106	2,212
轉列一年內到期之長期負債	9,045,719	9,777,231
長期應付票據轉列短期應付票據	3,048,353	51,000
固定資產轉列閒置資產	23,059	
閒置資產轉列固定資產	51,141	
閒置資產轉列出租資產	113,027	
轉列一年內到期之應付公司債	18,700,000	
長期負債開立長期應付票據償還	40,568,069	
一年內到期之負債開立短期票據償還	5,994,811	
應付董監勞務及員工紅利	30,042	

4 理財活動產生的現金流量

發放股息、向銀行增貸或償還借款等產生的現金流出或流入。

技術分析選股法

投資人在選擇個股投資時點時，基本的技術分析就成為輔助工具，最簡單有效的四種技術指標分別是K線圖、移動平均線、相對強弱指標（RSI）及乖離率，投資者可以綜合判斷指標表現，決定買賣點。

技術指標可顯示這檔股票處於買勢強勁、買壓強大、過度超漲、過度超跌等狀態，有助投資人選擇適當的買賣點。

了解個股處於上升或下跌趨勢指標：K線圖

日K線圖是由一檔股票當日開盤價、收盤價、最高價及最低價四個資訊所組合，由當日陽線圖及陰線圖的強弱，可判讀出個股未來走勢即將轉強或轉弱。

陽線圖

當日收盤價高於開盤價時，以實體陽線標示，表示買盤較強、賣盤較弱。

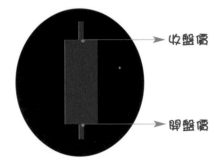

收盤價

開盤價

陰線圖

當日收盤價低於開盤價時，以虛體陰線表示，表示賣壓沈重、買盤不足。

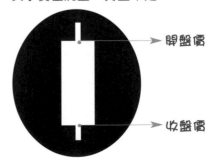

開盤價

收盤價

實例說明

上升趨勢線

以友達光電而言，在民國93年3月20日總統大選過後，開始了一波上升趨勢，由3月下旬起，友達股票日K線圖上出現了陽線圖多於陰線圖的局面，也就是股價的底部越來越高，每天都是開低走高或是開高走高的局面，在不到1個月的時間，出現了接近5成的漲勢；但是到了4月中旬每股75元後，追價意願低迷，出現連續陰線重挫，上升趨勢已被破壞，此時機警的投資人會在破線後獲利或停損出場。

下降趨勢線

友達光電在4月中旬到達上升趨勢頂點後，開始後繼無力，展開了兩個波段的下跌，先跌到5月中旬，這段時間日K線陰線多陽線少；而由5月下旬又展開另一波的下跌，不到兩個月時間就跌回了當初的起漲區。在此一下降趨勢內買進的投資人，持股均被套牢。

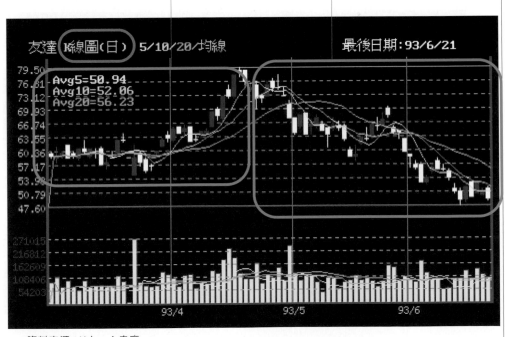

資料來源：Yahoo！奇摩

移動平均線

移動平均線可以看出目前持有股票投資人的持股平均成本。短期的移動平均線有5日、10日及20日；中期移動平均線有60日及72日；長期移動平均線有144日、200日及288日。以下圖為例，黃色線、藍色線、綠色線分別代表5日、10日、20日移動平均線。

解讀移動平均線

向上移升

在個股出現多頭走勢時，短、中、長期移動平均線均會向上移升，顯示對這檔股票有投資信心，持股平均成本越來越高，股票下檔支撐增強。

向下移動

對一檔股票看壞時，短、中、長期移動平均線向下移動，顯示持股不耐，只想以更低的價位買進這檔股票，下檔賣壓沈重。

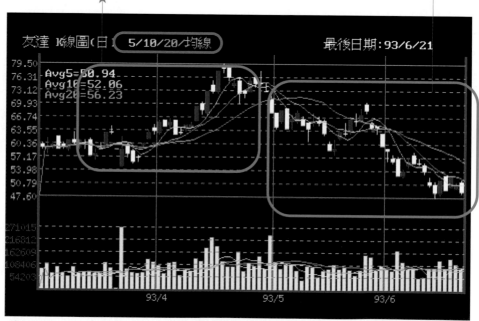

資料來源：Yahoo！奇摩

相對強弱指標：RSI

相對強弱指標（RSI）是測試短期個股是超買還是超賣的指標，個股短線由於有利多題材，或是主力進場交易，往往導致短期漲勢驚人，也就出現了超買的情況，持續的上漲使得相對強弱指標會持續提高。

實例說明

以友達光電為例，股價到達4月中旬最高點時，投資人追價積極，市場上都說友達上看百元，而到達每股75元以上的高價區時，當時的相對強弱指標已經超過80，顯示這檔股票短線追價明顯過熱，隨時可能反轉向下，而後友達果然開始一波大幅回跌走勢。隨後，在5月中旬時每股股價快速跌至59元，短線跌幅過大，相對強弱指標值降至20左右，在短線超賣情況嚴重下，隨即展開一波約10元的反彈。

相對強弱指標（RSI）是非常有價值的技術指標，透過股價超買、超賣預期未來走勢，較K線更能掌握股價未來可能的動向。

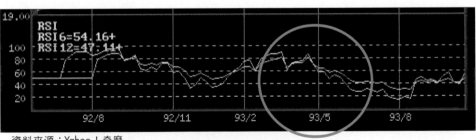

資料來源：Yahoo！奇摩

解讀相對強弱指標（RSI）值

一般而言，相對強弱指標（RSI）值超越80時，表示短期超買情況十分嚴重，隨時有可能出現回檔反轉的情況；反之，在個別股票因為利空衝擊持續破底時，相對強弱指標（RSI）值會逐步下降，當降到20以下時，顯示短線股票出現超賣的情況十分嚴重，個股隨時會出現反彈，只要稍有好消息或投資性買盤進場，股價隨時都會翻升。

乖離率（BIAS）

股價走勢短期間受到利多或利空衝擊，會出現大漲或大跌，使得股價與平均股價產生乖離的情況，短期漲幅過大的正乖離，股價可能出現回跌；短期跌幅過大的負乖離，股價可能會漲升。

高 最 低	次一日 漲 停 跌 停		成交數量（千股）	成交筆數	5 日 RSI	10 日 平均值	10 日 乖離率	證 交 所 本 益 比
10	15.90	17.10	14.90	13,423	2,101	84.06	15.47	3.42	16.00
90	19.50	20.90	18.30	5,337	720	83.99	18.98	3.26	9.47
90	16.60	17.90	15.70	4,105	736	72.84	16.50	1.81	16.31
50	12.30	13.25	11.55	1,939	388	76.26	12.19	1.72	7.47
01	2.65	3.07	2.67	23,100	2,340	71.77	2.42	18.15	
15	9.90	10.70	9.30	1,767	378	66.66	9.71	2.98	8.55
70	9.50	10.25	8.95	121	42	62.11	9.41	2.01	18.46
25	9.05	9.75	8.55	1,557	321	75.25	8.84	3.44	10.76
10	12.60	13.80	12.00	4,756	903	77.56	12.21	5.65	47.78
90	10.70	11.50	10.00	713	188	63.15	10.59	1.51	107.50
15	4.00	4.29	3.73	29	22	40.65	4.02	− 0.27	−
56	2.49	2.67	2.33	816	176	56.73	2.45	1.99	
60	8.45	9.10	8.00	1,568	216	74.56	8.40	1.72	11.25
05	12.00	12.80	11.20	8	6	27.44	12.21	− 1.71	
70	7.30	8.00	7.00	2,707	410	87.18	7.21	4.02	15.00
20	14.80	16.10	14.05	20,333	2,498	67.48	14.76	2.26	14.95
75	7.45	8.10	7.10	617	189	76.87	7.38	2.98	17.67
00	7.80	8.55	7.45	2,906	446	93.70	7.15	11.80	26.67
60	6.35	6.95	6.05	717	160	74.57	6.32	2.76	19.70
40	5.20	5.65	4.93	221	27	76.31	5.13	3.21	−
00	6.75	7.30	6.40	533	124	80.10	6.68	2.46	27.40
45	10.30	11.00	9.60	184	65	49.38	10.32	0.24	8.66
30	10.90	11.65	10.15	1,193	308	82.88	10.45	4.25	14.16
50	10.25	11.10	9.70	163	57	72.06	10.18	2.16	12.38
00	18.90	20.20	17.60	66	30	23.47	19.99	− 5.45	9.74
10	19.50	20.70	18.10	23	21	75.20	19.36	3.30	12.42
75	10.60	11.35	9.95	264	78	71.87	10.49	1.52	21.73

解讀乖離率

乖離率 是有價值的短期技術指標，通常的指標有10日乖離率（BIAS10）及20日乖離率（BIAS20），對於一般投資人而言，10日乖離率在正或負5%以上，就表示目前的股價偏離10日平均股價5個百分點，股價有明顯超漲（＋5%）或超跌（－5%）；隨時超漲可能回跌，超跌可能回漲。同樣的，20日乖離率如果在正或負10%以上，就表示目前的股價偏離20日平均價10個百分點，股價有明顯超漲（＋10%）或超跌（－10%），隨時可能會超漲回跌，超跌回升。

實例說明

以友達股票為例，股價於4月中旬漲至75元時，出現短線技術指標過熱的情況，當時的乖離率出現嚴重超漲的情況，10日的乖離率到達0.14（14%），而20日乖離率更高達0.21（21%），此顯示股價較10日平均價、20日平均價高出甚多，隨後果然開始一波下跌走勢。友達股票跌至5月中旬後，卻又出現了超跌的情況，股價在59元時，10日乖離率是－0.07（－7%），而20日乖離率更高達－0.14（－14%）。在短線超跌嚴重的情況下，隨後即在此一超跌區止跌，展開一波反彈。

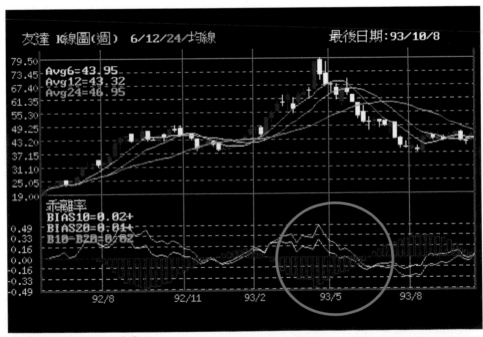

資料來源：Yahoo！奇摩

籌碼分析選股法

股票上漲的重要因素是籌碼在誰的手上，如果股票籌碼是在大股東及長線投資人的手上，個股的上漲動能就會增加，但若是籌碼主要是在散戶手中，則股票漲幅將受限，甚至可能會因散戶賣壓沈重而下跌。

分析法人及大股東籌碼

法人及大股東籌碼分析可以看出這檔股東籌碼是否安定。一般而言，當大股東、法人對公司十分有信心時，持股的安定度高，也就是說，大股東不願輕易出脫籌碼，這時股價容易攀升；反之，當大股東及法人機構持續出脫持股時，股價容易下跌。

上周上櫃公司大股東申報轉讓

申報日	上櫃公司	申報人身分	姓名	轉讓張數
7/12	6158 禾昌	董事	林松竹	1,000
7/13	4109 加捷	董事	鍾祥鳳	900
7/13	4109 加捷	董事	曾冬齡	1,000
7/13	6205 詮欣	董事	吳榮春	500
7/13	6205 詮欣	董事	吳連溪	390
7/13	6205 詮欣	董事配偶	楊玉惠	490
7/13	6205 詮欣	董事配偶	施婷婷	1,000
7/14	3224 三顧	經理人	曾秀媛	66
7/14	3224 三顧	經理人	汪啓華	200
7/14	3224 三顧	董事未成年子女	邱奕均	30
7/14	3224 三顧	董事配偶	林宜如	30
7/14	3224 三顧	董事未成年子女	邱依庭	90
7/15	3086 華義	經理人配偶	黃雪芬	30
7/15	6206 飛捷	經理人配偶	鮑輝隆	10
7/15	6206 飛捷	經理人	李美惠	18
7/15	6206 飛捷	經理人	蔡月鳳	10
7/15	8354 冠郝	董事	楊文章	38
7/15	8354 冠郝	董事配偶	徐秀芬	38
7/16	4722 國精化	董事配偶	蔡蕭好	60

實例說明

大股東籌碼是否安定可以看大股東的申報轉讓狀況。一檔股票若大股東動不動就賣股，市場籌碼增多，個股表現相對受壓抑；以友達光電而言，由於有聯華電子及交通銀行兩大投資機構經常申讓持股來調節獲利，使得籌碼相對較多，股價不易有好表現。

友達近年來大股東申讓股票概況			
日期	申報張數	申報人	身分
93/02/25	24	劉金枝	關係人配偶
93/02/19	24	陳炫彬	關係人
92/09/24	49000	聯華電子(股)	董事
92/03/12	50	劉金枝	關係人配偶
91/05/03	2800	交通銀行(股)	董事
91/04/19	900	劉英達	關係人
91/04/17	2800	交通銀行(股)	董事
91/03/01	2800	交通銀行(股)	董事
91/02/20	22	劉金枝	關係人配偶
91/02/15	2800	交通銀行(股)	董事
91/02/07	25	陳炫彬	關係人
91/02/01	2800	交通銀行(股)	董事
91/01/25	2800	交通銀行(股)	董事
91/01/18	2000	交通銀行(股)	董事
90/05/18	1500	交通銀行	董事
90/04/02	35	陳炫彬	董事兼總經理
90/02/15	39	劉金枝	關係人配偶
89/07/31	200	游克用	監察人
89/07/25	600	洪中耀	董事

4
操作秘笈

三大法人買賣超分析

在整體股市中，如果三大法人每日出現上百億元的買超，且持續性大幅買進，則整體股市籌碼可望漸趨安定；反之，若三大法人每日出現上百億元的賣超時，則投資人應該暫緩買股，等這些法人賣壓告一段落後再買進。

日期	5/31	6/1	6/2	6/3	6/4
外 資 買 賣 超					
機構持股	980,372	983,412	974,770	948,543	960,642
持股比例	21.05%	21.11%	20.93%	20.36%	20.62%
買賣超	-2,097	3,041	-8,642	-26,227	12,098
自 營 商 買 賣 超					
買進	2,150	4,054	985	3,361	3,590
賣出	12,513	17,243	9,641.05	17,604	8,015
買賣超	-10,363	-13,189	-8,656	-14,243	-4,425
估計庫存	63,556	50,367	41,711	27,468	23,043
投 信 買 賣 超					
買賣超	-18,325	-13,480	-3,121	-5,496	-2,054
估計庫存	179,070	165,590	162,469	156,973	154,919
三 大 法 人 買 賣 超					
買賣超	-30,785	-23,628	-20,419	45,966	5,619
估計庫存	1,222,988	1,199,370	1,178,951	1,132,985	1,138,604
持股比例	26.26%	25.75%	25.31%	24.32%	24.44%

分析散戶動向

散戶是股票市場中較弱勢的投資人，在股票市場初升段時，他們不太敢投入，向證券金融公司融資借錢買股票的人少，甚至看壞股票而融券放空的人居多， 而在股價高漲時，市場投資人除了將自有資金持續投入外，融資餘額還會不斷創新高，一旦散戶融資餘額不斷刷新歷史、融券張數不斷下降時，散戶信心已到最高點，股價可能就有高檔反轉的風險。

散戶信心指標

資券概況	股市狀態	交易實況
資券低迷 ➡	谷底 ➡	股市交投低迷，證券商持續虧損，融資買股客戶甚少，融券張數也不大。
資增券增 ➡	復甦區 ➡	股市交投回溫，反覆打底上漲，有先見的散戶開始融資買股；但認為股市仍將下跌、看壞行情而融券的散戶也持續增多。
資增券減 ➡	初升及主升段 ➡	股市交投持續增溫，對股市敏感度強的散戶、中實戶紛紛融資借錢買股，看壞後市融券者紛紛回補，甚至加入多頭融資行列。
資平券增 ➡	末升段及高檔區 ➡	股價接近高價區時，融資到達最大量且不再大幅增加，顯示散戶已無後續子彈，股價無力續漲；機警的投資人開始小幅翻空，融券增加。
資減券增 ➡	回跌段 ➡	股市無法上漲，融資者不堪融資利息負擔逐步退場；融券張數開始持續增多，融資者開始承受股價下跌及融資付利息的雙重損失。

心理面分析選股法

有人說股票市場是「金錢遊戲」的地方，所有的遊戲都牽涉了人的心理狀態的變化，前面提到的金融面、產業面、財務面及技術面因素都是股票的基本素材，但股票市場有時就是不會依基本素材運作，許多投資人忽略了重要的心理因素及籌碼分布，而在股市屢戰屢敗。股票市場是投資人六個心理狀態的循環，如果你能正確掌握投資大眾的心理狀態，你在股市的贏率自然大增。

【 六個心理狀態的循環 】

心理狀態：盲目樂觀
股市情境：小利多即大漲
市場情況：大眾對市場極度樂觀，報紙上有好消息的公司立即上漲，大股東不斷辦法說會，接受媒體訪問，對外界說法一片光明樂觀。
操作策略：持股減碼不得超過總投資部位3成，許多股票進入末段漲勢，利潤可觀，但回檔風險更大。

多空趨勢

心理狀態：保守
股市情境：利多不漲
市場情況：個股出現法說、調高財測等好消息，但股價已不再有反應，甚至經常出大量，大股東趁勢出脫跡象。
操作策略：大盤後市不宜樂觀，持股減至極低，盡可能提高現金部位。

心理狀態：畏縮
股市情境：利多大跌
市場情況：公司出現新增訂單、景氣回溫等，股價反而大跌回應，雖有大股東出面喊話、買庫藏股等，仍止不了跌勢。
操作策略：持續觀望，靜待股價落底時機。

股票市場就是除了許多基本因素外，心理因素的掌握才是長期投資成功的要件，能夠判斷大眾投資者的心理狀態，決定適當的投資時機和策略，才容易成為投資贏家。

心理狀態：審慎樂觀
股市情境：利空不跌
市場情況：公司發布調降財測、訂單萎縮，但股價不再破底。
操作策略：持股加碼至3成，持續追蹤這些股票業績是否準備回升。

心理狀態：恐慌
股市情境：利空大跌
市場情況：雖是小利空，但股市可能就大跌回應，如不知名的香港小報、小研究員發表對台股不利說法，股票立刻大跌，杯弓蛇影，人心脆弱。
操作策略：觀望，但可籌集資金等待買股。

心理狀態：積極樂觀
股市情境：利空上漲
市場情況：公司發布獲利不佳時，反而量價揚升，大股東、長期投資人開始大舉逢低買入。
操作策略：加碼至5成，這些利空上漲的公司股東知道長空已盡，公司即將開始一波新的多頭局勢。

法人進出選股法

這是近3年來被許多投資人積極使用的選股法，也就是如果三大法人（外資法人、投信及自營商）持續數日大幅買進的股票，就列入買進標的；而如果連續多日三大法人大幅賣出的股票，則加以賣出，利用法人動向來作為股票進出的依據。

跟隨法人選股的優勢

1 外資法人機構買賣的個股通常都上萬張，有時甚至一檔大型權值股如台積電等有數萬張的買超或賣超量，因此法人大買的股票通常在漲勢時十分強勁，而在弱勢時能夠抗跌，投資人優勢增加。

上周外資買賣超排行					
超	持　股		賣　超		持
張　數	張　數	比率	名　稱	張　數	張　數
47,347	12,460,582	53.30	奇美電	27,605	803,63
37,643	445,044	14.01	台新金	25,658	1,225,05
24,820	215,843	11.64	日月光	22,886	1,793,99
17,682	5,190,703	32.15	兆豐金	21,966	1,130,57
17,415	610,933	5.44	錸　德	18,204	279,64
14,958	356,597	14.00	國　巨	15,745	775,33
12,545	494,439	18.78	第一金	13,795	836,14
12,422	958,433	11.53	臺企銀	10,915	24,80
11,654	96,991	4.03	萬泰銀	8,134	119,90

跟隨法人選股的缺點

1 法人機構在股市有時也會大進大出，翻臉如翻書，可能昨天大買今天就大賣，因此並非買法人股他們就不賣出。

2 法人持有的個股相關研究報告齊全，財務透明度較高，大都是市場上知名的投資標的。

3 法人選股大都是選權值股及績優股，對於沒時間理財的投資人而言，法人大量持有的股票，大都是基本面較佳的個股，比較不會出現地雷股。

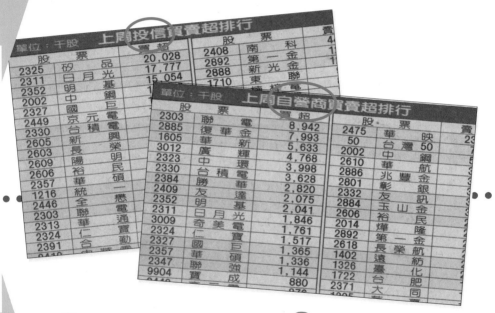

2 台灣部分上市公司如台積電、鴻海及中信銀等外資法人持股超過5成，過多的法人持股使得股價不易有大波動，有些法人股也相當牛皮。

3 法人股票大都是大型股及權值股，但是許多有上漲潛力的股票往往是小型股，投資人跟隨法人，無形中則失去了從小型股中增加獲利的機會。

投顧老師選股法

投顧老師眾多是台灣十分特殊的生態，投顧老師集合會員後買進及賣出股票，或是投顧會員經由老師推薦買賣個股，也有投資人以投顧老師的「明牌」為投資標的。

參與投顧選股的優勢

1 大型投顧集合上千名會員的力量，集中火力買進小型股票時，往往能帶動部分小型股出現相當大的漲幅。

參與投顧選股的風險

1 投顧老師良莠不齊，相當多的老師本身並沒有良好的投資經驗，提出的投資建議及個股並不可信。

2 投顧老師透過電視媒體曝光，投顧推薦的個股除了會員先買外，只要投顧老師的說法合理，也會帶動部分投資人買進，使得股價有更大的漲幅，會員出脫時有更大的獲利。

3 部分投顧老師對於證券市場有豐富投資經驗，對於個股研判及大盤分析有相當見解，值得當作投資參考。

2 投顧收取的費用不低，有些高級會員3個月就要繳5萬元的費用，是一筆可觀的支出。

3 有些不良的投顧老師甚至會在會員買進時，將自己低價買來的股票在市場高價賣給會員，或勾結公司股東高價賣股給會員，而後拿公司股東的退佣。

專家推薦的四種選股法

當你經由相關整體環境和個別產業變化確定要買股票時，投資專家普遍認為有四種選股法是投資人可以適用於各種多空投資期間，能增加投資的贏率。

強勢買股法

所謂強勢買股法就是去買市場產品占有率第1名的股票，通常這些股票都是產業中的龍頭；例如看好塑化股就買台塑、看好晶圓代工產業買台積電、筆記型電腦就買廣達、主機板就買華碩，金控則是國泰金及中信金居首。

全懋科技	6.10	▲0.35	191	888	5.80	6.
國 巨	13.15	×0.20	3701	27502	13.45	13.
富鈞科技	24.20		563	1591	24.50	24.
台積電	45.30	×0.20	8032	39707	45.50	45.
精英電腦	12.35	▲0.05	987	4230	12.50	12.
友訊科技	39.00	▲0.10	3469	11195	39.30	40.
超悠電子	6.10	×0.05	579	2476	6.20	6.
清三電子	3.88	×0.01	26	90	3.88	3.
致伸實業						
旺宏電子						
元富證券	13.65	▲0.10	2888	24741	13.60	13.
華南金控	27.00	▲0.30	4802	30073	26.90	27.
富邦金控	32.30	×0.90	2085	9822	33.00	33.
國泰金控	66.00	×1.00	3719	22260	66.50	67.
開發金控	15.90	▲0.20	9208	82704	15.80	16.
開 發 特						
玉山金控	23.00	▲0.30	4899	35998	22.70	23.
復華金控	15.20	▲0.20	2481	20109	14.60	15.
兆豐金控	22.30	▲0.20	6728	60344	22.30	22.
台新金控	28.90	▲0.20	3952	20632	28.90	29.
新光金控	30.80		10585	49754	30.80	31.
國票金控	12.75	×0.05	1821	15028	12.80	12.
建華金控	18.40	▲0.30	3785	35753	18.20	18.
中信金控	38.10		2719	27746	38.10	38.
第一金控	27.60	▲0.50	12456	114245	27.30	27.
元京證券	25.00	×0.10	1573	9327	25.10	25.
金鼎證券	8.35	▲0.10	1267	12033	8.35	8.

趨勢買股法

趨勢買股法適用於活潑機動、喜歡短線進出的投資人，他們針對盤面趨勢的轉換，尋找多頭市場熱門、成交量持續放大的股票買進，多頭市場中「有量才有價」，他們先追逐有量的股票，然後再追逐價格波動快的股票，以賺取中間的差價。

優點

（1）強勢買股法買的是龍頭公司，一旦市場走強時，市占率最大的公司獲利通常最多，股東報酬也最大，龍頭股最容易有表現。

（2）龍頭公司在景氣不好時往往最慢反應，因為沒有競爭力的二、三線公司經常被抽單後，才會輪到龍頭公司被抽單。

（3）龍頭公司經常能夠領先產能滿載，會領先上漲；景氣不佳時，往往最後才會反應產能空缺，經常會落後下跌。換言之，就是漲快跌慢的特性，這使得有些資深投資人喜歡強勢投資法。

缺點

（1）龍頭股的價格就是比較高，對於小額投資人或新手而言，買龍頭股價格昂貴，相同的錢可以多買二、三線小廠股票。

（2）遇到長期不景氣時，位居龍頭股的公司投資設備多、薪資支付高，經營的困難度相對提升，股價末段的跌幅會很大。

對於投資人而言，這四種選股方法並非相互排斥，反而是可以作為投資交叉比對指標，一旦你買到股票具有強勢市場占有率、成交熱絡、本益比低及股價淨值比不合理偏低時，則這檔股票讓你賺到錢的機會就相當大了。

優點

（1）把握盤面趨勢的變動，買進出現大量買單的個股，不限定這些股票的類別、價位，操作相對有彈性。

（2）多頭市場初期時，往往會出現各種類股輪動，因此運用趨勢買股法的投資人如果能適時轉換持股，獲利會較持股不變的投資人來得高。

缺點

（1）太過相信量價關係，而忽略了股價到達高價區時，一旦爆出最大量可能就被套牢。

（2）由於趨勢買股法換股的次數較頻繁，交易成本可能偏高，結算下來未必划得來。

本益比（P/E）買股法

本益比選股法比前面兩種市場導向的選股法來得嚴謹，是許多投資專家推薦的投資方式。本益比指的是以目前股價（本金）買一檔股票，本金回收（取得利益）的年限。本益計算方式如下：

1 計算出每股盈餘（EPS）

預估稅後盈餘÷發行股數＝每股盈餘

以友達光電為例，民國93年的預估每股盈餘如下：

416億元（預估稅後盈餘）÷46.58億股＝8.93元

2 計算本益比

投資本金（股價）÷每股盈餘＝本益比

假設友達光電每股59元，其本益比如下：

59元（股價）÷8.93元＝6.6倍

什麼是合理本益比？

本益比高低通常是隨著股票市場交投氣氛而不同，在股市交投熱絡時，本益比會較高，一般而言，整體市場本益比超過30倍的市場是一個十分狂熱的股市，本益比15～20倍是十分溫和正常的股市，本益比跌破10倍的股市或個股表示市場對於未來市場或個股心存疑慮，但也顯示出個股可能有明顯超跌跡象，值得買進。

股價淨值比買股法

在股票市場空頭氣氛濃厚時，許多股票可能會出現跌破淨值的現象，也就是跌破公司的基本價值，通常這是空頭市場末端經常被拿來使用的投資比例，如果有許多好公司股票紛紛跌破淨值，這市場即將有反彈的契機出現。關於淨值比估算的方法如下：

1 計算公司的淨值

股東權益÷發行股數＝每股淨值

以友達光電為例，到93年第1季股東權益約1030億元，除以發行股數42.95億股，每股淨值如下：

$$1030億元 ÷ 42.95億股 ≒ 24元$$

2 計算股價與淨值比

股價÷淨值＝股價淨值比

以友達每股79.5元計算時，股價淨值比如下：

$$79.5元 ÷ 24元 = 3.31倍$$

一家公司的淨值就是指股東權益。

什麼是合理股價淨值比？

股價高於淨值幾倍才算合理？答案是不一定。舉例來說，聯發科技每股股價高達300元以上，每股淨值約62元，股價淨值比約5倍，而有些經營不佳的銀行如中華銀行，股價不及票面10元，但淨值約為11元。由此可表示一家公司若是技術能力高，可享有較高的股價淨值比，但若是一家經營正常、有盈餘的公司，其股價淨值比在1.5倍之內顯示股價已明顯低估，此時是買股的好時機。

買股時機一：手頭有閒錢時

投資人要買股票手上必須有些「閒錢」，也就是盡可能不要舉債或是融資墊款做股票，所有在股市投資成功的人，大都是用不影響生活的資金投資股票，如此一來生活及事業規畫才不致因為投資不順利受到衝擊。而不同的年齡層因資金的用度不同，所以投資的狀況也有所差異。

買股票 vs. 人生規畫

25歲~40歲

年輕期（25～40歲）

說明：

年輕人可投資資金較少，如果投資的方向正確，可享有較長回收的年限高，因此如果有少額的閒置資金，應以較大比例投資股票。例如每月工作收入只有3萬元的年輕人，未來的工作年限相當長，如果每月努力存下1萬元，可將其中的5,000元至7,000元拿去買績優股，享受長期增值的效益；也就是用閒置資金的5成至7成買股，承受較大的股價波動。

能回收利益的時間：長

承受風險能力：高

股票占資金比重：50%～70%

中、壯期（41～60歲）	銀髮期（61歲以上）

説明：

中年人由於成家立業，薪資收入雖提高，但也面臨了家庭的開銷增多，承受風險能力不如年輕人，但為了存養老金，仍須以相當比例的閒錢買好股票投資，以結餘資金的4成至6成選買績優股是最好的方式。假設手上每個月可結餘2萬元時，應以每月8,000元至1萬2000元進行股票投資，買進好股票作為未來養老退休金的依靠。

能回收利益的時間：中

承受風險能力：中

股票占資金比重：40%～60%

説明：

對於進入銀髮期的族群而言，可能手上也累積了一筆退休資金，由於股票長期投資能回收的年限相對下降，而且承受風險的能力也降低，除非本身對股市的研究十分透澈，由於已退休不再有穩定的工作收入來源，投資股票的比重應降至4成以下，免得受到股災衝擊，影響生活的悠閒樂趣。

能回收利益的時間：短

承受風險能力：低

股票占資金比重：40%以下

買股時機二：股價處於相對歷史低檔時

許多股價都會出現週期循環，一檔股票在經過10年或20年後，都會留下歷史的軌跡，這些軌跡雖非完全可靠，但是卻有參考的價值。投資人觀察股價是否處於低檔，應注意下列三個原則：

留意三原則

1 觀察期間以 3～5 年為最佳

一家公司過去3～5年間的營運轉變等，可能會使得股價由谷底翻升。但若觀察期間太長，則可能因公司營運早已轉型，再加上現代企業競爭激烈的情況下，好幾年前的股價高低區間與未來展望的關聯性可能減弱。

2 觀察期間的公司股本變化

過去3、5年間若是公司大幅增資，資本額大增，使得流動籌碼大幅增加，股東報酬率下降，股價未來脫離谷底區的能量就會下降，過去5年來大幅膨脹股本的台積電、聯電就是最好的例子，眾多的外資加持，獲利增加，股價不再身輕如燕，反而陷入泥淖區。

3 低檔區是不是逐漸墊高、底部整理越久漲幅越大

過去3、5年間每一波股價到達低檔區的最低價一次比一次高，且籌碼整理期間久，可能醞釀一波大漲；以友達光電而言，過去5年低價區分別在每股12至18元間，且有底部拉高的趨勢；民國91年9月至92年月6月間盤整9個月後，開始一波約3倍的漲幅。所以，對謹慎聰明的投資人而言，買股不用急，絕對有足夠時間讓你買到低檔好股票。

實例說明

以友達光電而言，過去幾個面板產業低潮期，股價的低價區都在每股20元附近，也就是歷史低價區就是在這些價位附近，除非有些產業不會出現復甦期，否則股價循環進入低價區時，就是長線的買點。

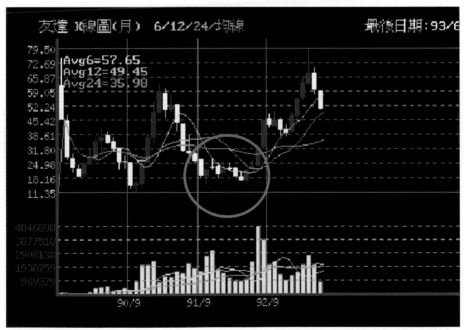

資料來源：Yahoo！奇摩

買股時機三：股價出現非理性下跌

股票市場有時受到一些非理性因素打擊，例如民國92年4月間的SARS風波，以及民國88年921大地震、民國85年5月間中共試射飛彈期間，都造成股票大幅下跌，這些造成股票重跌的事件，大膽買股者都有倍數利潤可期。一般而言，非理性下跌的主要徵兆如下：

非理性下跌的主要徵兆

1 股票下跌速度很快，而且是全面性大跌，甚少個股能幸免。

2 並非經濟基本因素出問題，純粹是天災人禍。

3 市場一片悲觀，對於此一天災人禍認為一定重創經濟。

4 許多個股跌破淨值，公司董事長也出來喊話認為股價太低。

5 公司不願忍受股價續跌，動用自有資金買進庫藏股票。

6 最後階段財金部會商議基金進場護盤，逐漸穩住人心。

台灣股市經常出現非理性下跌，最近一次民國93年的總統大選時，選後也出現一次總賣出的非理性大跌，隨後買股的投資人都能賺到一波反彈。

〖 非理性下跌時進場獲利的原因 〗

1 　股價短期超跌，而且出現跳空下跌（例如一開盤就跌停），下跌無量時，這一個無量的跳空下跌缺口很容易在上漲時回補，也就是短線大幅乖離的狀況出現。

2 　非理性下跌的時間通常不會太久，當因素消失後，股票往往立即揚升，因此在確認為非理性下跌的情況下，投資人要有迅速判讀跌勢的能力，才能掌握短線買股時機。

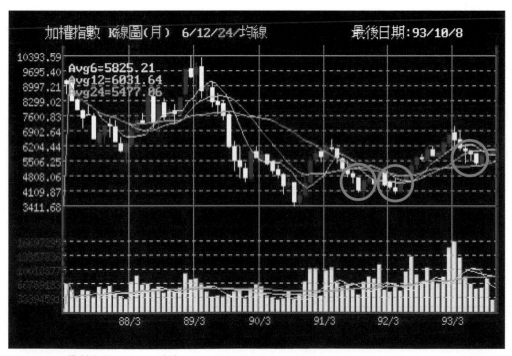

資料來源：Yahoo！奇摩

轉盈時買股時機四：個股營收增溫、由虧轉盈時

幾乎所有的投資專家都認同，一檔股票由虧損進入賺錢（就算是獲利很少），這檔股票往往就會出現十分驚人的漲幅，許多公司由虧損進入獲利，其實已經經過了很多的體質調整，如果配合政府政策面有利多消息、經營面看好下，是不可錯過的買股時機。

實例說明

以信義房屋股票為例。

在民國90年底時，信義房屋的買進股價最低曾經來到每股9.65元，公司處在經營虧損階段。

從民國90年初，整體房地產景氣仍未回春，但買賣中古屋的房仲公司已提前嗅到市場景氣回溫的訊息，營運開始轉虧為盈，且每個月營收盈餘持續走高，開始第一段上漲，到了民國91年中旬，股價已上漲4倍來到40元附近。

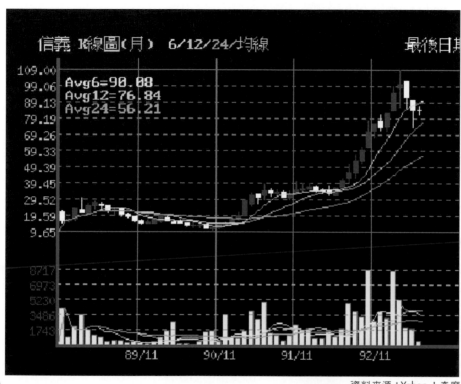

信義 K線圖(月)　6/12/24 均線　　　　最後日期

Avg6=90.08
Avg12=76.84
Avg24=56.21

資料來源：Yahoo！奇摩

從民國91年中到93年第1季，房市確定復甦，政府相關首購優惠借款等措施出爐，出現更大波段上漲，股價在民國93年3月間出現波段最高價站上100元，如果投資者能夠及早嗅出房市回春，以及房屋仲介成交領先新屋成交的訊息，就可能在股票上擊出「10倍速全壘打」。

投資人永遠要記得股票市場的領先特性，許多股票由虧損到每股賺0.1元時，股價可能就領先漲了10元，這就是股票的奇特特性。

買股時機五：新產業趨勢明朗時

投資者要買股票之前，一定要先對產業前景做一番了解。買到新的、有前景的產業股票，雖被套牢但翻身機會很大；若買到前景看淡的產業股票，被套牢時難以翻身。一般而言，新產業的產生有下列徵兆：

新產業產生的徵兆

1 產品的商業化程度夠，能夠出現全世界市場都接受的可能。

2 產品已可以進入量產階段，且大量生產後成本能夠有效降低。

3 產品具有高毛利，即使市場出現競爭者，也可維持一定利潤。

4 政府提供獎勵措施，鼓勵業者在此一行業的投資。

5 此行業能大量吸納人力及資本投資，創造極高的產值。

投資新產業有風險嗎？

新產業雖然長期股價看好，但短期也會由於景氣波動循環變大，加上投資機構及一般散戶過度評價的結果，股價相較於傳統產業，容易發生大漲大跌的大幅波動現象。

實例說明

以民國79年至89年台灣最熱門的電子產業而言，例如晶圓代工的台積電，在10年前買進台積電的投資人，就算是被套牢在高檔上，但經由配股、配息，不只解套，還賺了十幾倍的利潤。由此可見，及早看出新產業的遠見能力，比起短線換股賺差價來得更有價值。

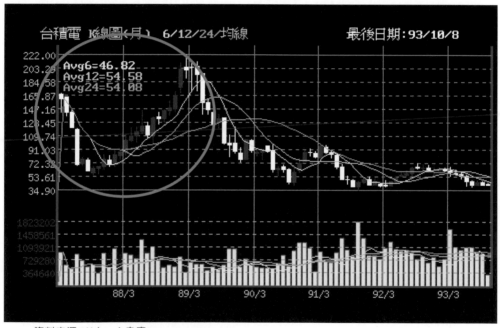

資料來源：Yahoo！奇摩

液晶顯示器產業算是新產業嗎？

以台灣兩兆雙星而言，液晶顯示器（LCD）產業被視為台灣最具潛力的新產業，吸納了大批人力和資本投入，產業趨勢轉趨明朗，被許多投資人視為繼晶圓代工後的台灣另一波新希望；民國92年以前高價買到友達光電、奇美光電的投資人大都能解套並產生獲利。

買股時機六：公司建立新商品、新品牌、新市場時

許多企業在經營一段期間後，往往會面臨瓶頸，由於原有產品利潤及營收無法提高，使得股價進入長時間無法突破成長的情況。此時出現新的商品、新的品牌或新的市場時，往往會讓公司得到重生，展開另一波成長的機會。

有些公司在營運面臨最困難時反而會有新的突破性商品，以台灣而言，兩年前的愛之味紅番茄汁帶動飲料風潮，使得愛之味股價一度大漲；萬泰銀行推出的現金卡（George & Mary）帶動年輕人借錢風氣，使得萬泰銀行由營運艱困轉為外資新寵；對於敏銳的投資人而言，一家公司新產品得到銷售成

	公司名稱
新商品	愛之味
	萬泰銀行
強化品牌	正新輪胎
	宏碁電腦
新市場	嘉新水泥
	寶成工業

功，就是最好的買股時機，因為接下來公司股價就會迅速有反應。

企業要長期維持高獲利就必須有自有品牌，以輪胎工業為例，正新輪胎股價長期以來始終高於建大輪胎，正新除了代工外，也創造了瑪吉斯 "MAXXIS" 世界知名品牌，世界品牌專業鑑價公司Interband認為 "MAXXIS" 市值2億6500萬美元；而宏碁近年花大筆行銷費用開拓 "acer" 品牌，在歐洲、美國得到認同，股價也不再低迷，外資也再度買進宏碁股票。

此外，大陸市場的開發，更讓許多傳統產業及電子產業由於人工成本大降而獲利大增，傳統產業在中國新市場的發展有好的表現時，也是良好的買股時機。

成功行銷產品	股價表現
紅番茄汁	股價在產品當紅期由每股6.5元漲至14元，漲幅115%。
George＆Mary現金卡	產品效益持續延燒，股價由民國89年最低點3.07元上漲至93年的25.1元高價，漲幅733%。
建立MAXXIS新品牌	股價較同業建大輪胎高出約1倍，品牌效益發揮。
acer品牌進軍歐洲成功	獲利頻創新高，股價擺脫低價區，已成為中高價電子股。
京陽水泥在大陸產銷順暢	轉投資獲利增加，股價翻升回票面。
大陸廠開花結果，成為耐吉全球最大代工廠	大筆轉投資收益回收，是最成功的中國收成股。

賣股時機一：公司經營階層大幅更動時

一家公司經營階層人事大幅更張時，顯示企業營運出現不穩定，不得不重新調整因應，新的經營團隊能否讓公司運作上軌道不可知，此時就是一個賣股時機，等到新團隊在公司營運上表現出績效後，你再來買股票。

實例說明

以國內知名的晶圓封裝廠華泰電子而言，近兩年來由於競爭力不足，經常走馬換將，最後由前董事長杜俊元再度回任兼任總經理職務，華泰本身在晶圓封裝能力已比不上日月光、矽品等大廠，再加上人事更動頻繁，營運在民國87年至89年間就持續大幅衰退。當經營團隊有大量變動且優秀人才持續流失時，就是必須出售持股或停損的時機。

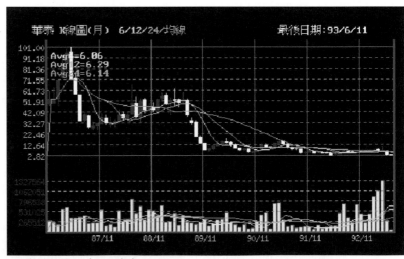

資料來源：Yahoo！奇摩

賣股時機二：市場出現強有力的競爭者

投資股票最大的危機就是你的公司出現了大敵，也就是新興強大的對手產生，而國內最有名的例子就是華通電腦面臨國內無數新興印刷電路板廠，無力突破技術瓶頸，由著名的老牌績優股，成為虧損累累的弱勢股。

實例說明

以華通而言，由於內部人才流失，新的中小型競爭者技術不斷創新領先，這些新的競爭者雖然資本不大，但為數眾多且競爭力強大，累積成一股強大的競爭力量，使得這兩年來華通接單不暢，榮景不再，淪入低價股之林。因此，當市場競爭態勢轉變時，就必須賣出股票，除非公司再度取得競爭優勢，否則不宜再買進。

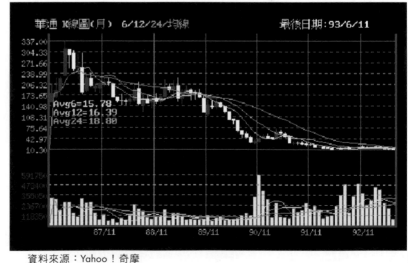

資料來源：Yahoo！奇摩

新公司

賣股時機三：公司持續合併或買進

隨著國內企業持續成長，包括金融及電子等產業，不少公司都開始以買新公司擴大營運實力。但在合併過程中，買家（合併者）必須付出比較高的代價，才能讓賣家願意出售公司，因此進行合併的母公司（買家），其投資人權益容易受損。

實例說明一

國內近年來最出名的合併案有民國89年台積電在電子景氣高峰時，合併德碁、世大積體電路案，當初喧騰一時，德碁及世大積體電路股東得將股票以一定比率轉換成台積電股票，而在轉換不久後，景氣反轉，但台積電股價由於股本膨脹過快，每股報酬持續下降，目前的股價不到最高價區的四分之一。

實例說明二

以每年要以合併及買新公司來擴張營業額的鴻海精密為例，近年來在積極擴大營業額的同時，股價也持續滑落，合併過程包括本身必須提供優越的交換條件或換股金額，被合併公司人員產生不滿、異動等，都是負面因素居多。

合併是企業成長的快速路徑，但由合併到產生效益都需要一段時間，初期被犧牲的都是原股東的權益居多，如果你所投資的公司是一家積極進行合併的公司，短期內你可以賣出持股，等2、3年後合併發揮效益時再進場買回。

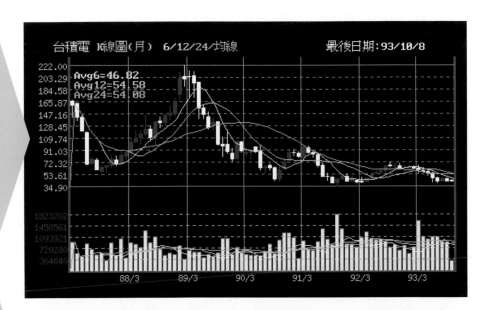

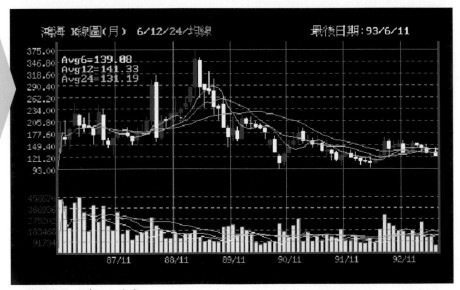

資料來源：Yahoo！奇摩

持股賣股時機四：公司內部人大舉出售

大股東或高階主管最了解公司實際營運，這些所謂的內部人（insiders）大筆賣股時，通常是認為目前公司股價偏高，甚至讓人擔心的是內部經營出現問題；內部人大筆出售持股，由於短期內市場籌碼供應大增，股價容易下跌。

以民國93年5月間辦理現金增資的台灣中小企銀為例，在93年3月間股價一度來到每股16元附近，但隨著大股東申報在市場流通的股票籌碼增加，加上現金增資的認購成本每股只要10.5元，使得股價由高檔滑落。

對於許多股票而言，如果大股東申報賣出十分頻繁時，在賣股後一段時間，股價經常會明顯滑落，如果你所持有的股票大股東、經理人賣股動作頻頻，這種股票你不要留戀。

台灣企銀大股東申報轉讓股票概況			
日期	申報張數	申報人	身分
93/4/12	100	台企銀	董事
93/2/27	40000	彰化銀	董事
93/1/27	300	李鴻炎	董事
92/12/12	300	李鴻炎	董事
92/12/4	25656	財政部	董事
92/10/31	52550	財政部	董事

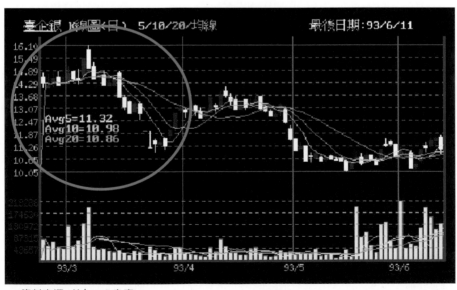

資料來源：Yahoo！奇摩

賣股時機五：進行財務分配調整時

對於投資人而言，股票終究只是財務的一部分，如果在財務分配有所調整時，自然也應該出售持股，取回現金運用。而在什麼樣的財務分配狀況下，必須出售股票呢？

財務分配的三種狀況

1 投資過度集中在某檔股票

有些股票配股或辦理現金增資，使得持股數量增多，基於分散風險的原則，降低個別股票部位取回現金。

2 有臨時急用時

股票投資最重要的好處就是流動性高，因此如果生活中急需用到資金，會使得現金大量減少，這時就有必要出售股票取回現金。

3 降低負債

在進行買車、買屋等重要大筆支出時，都會導致個人或家庭的財務結構產生大變化，也就是負債會大幅增加，此時財務目標可能就不是積極投資，而是適度下降負債比例，這時候出售股票等收益工具來清償部分債務是較佳的理財方法。

賣股時機六：節稅規畫

對於許多投資股票占財務比重高的投資人而言，好的股票每年都可以帶來可觀的股利收益，而當股利與利息所得超過免稅額度時（目前法令額度是27萬元），投資人就必須依法繳稅，投資人可依下列步驟了解是否應出售持股。

【 檢視持股五步驟 】

1 在每年3、4月間檢查手中持股，了解持股可分配到多少股息股利。

2 如果股息股利加上銀行利息，超越免稅額度時，考慮減少持股。

3 就手上股票，計算每家分配的股息股利，了解出售多少股票就可以達成免稅額度的效果。

4 在除息、除權之前出售上列持股。

5 如果是純粹以節稅為考量，當除息、除權後將相同股票數量回補，保持原有的投資部位。

賣股時機七：股價不合理時

在股票多頭市場時，股價往往會出現十分不理性的價位，這時當別人正忙著買股票的時候，你必須謹慎大膽的將股票全數賣出，保留現金等待下一波的機會。

實例說明一

台灣最著名的在股價不合理時大舉出售持股的，就是富邦集團的創辦人蔡萬才，在民國76年股票第一波萬點狂潮時，他不顧蔡萬霖的阻止，在國泰每股1,300元以上時，大舉拋售國泰股，換得了上百億元的現金。隨後，國泰人壽股票大漲至每股1,975元，使得許多人認為他沒眼光，事後證明他看得出來國壽股價已完全不合理了，因此大舉賣出，過去10年中，他將售股所得資金開創富邦保險、富邦銀行，近兩年更合併成富邦金控，實力已非同小可。

實例說明二

有些公司會同時出現相當多的賣出徵兆，但投資人往往因為套牢捨不得賣股，而後連本金都全數虧損殆盡，以民國93年6月間申請重整的博達公司而言，就出現了許多應該賣股的徵兆。這些情況包括右列四項：

對於投資人而言，這檔股票已符合許多賣出條件，持有這檔股票的投資人因為相信葉素菲營運將復甦而繼續持股，卻反而使得投資本金均化為烏有。

1 股價不合理

博達股價在民國89年一度高達每股368元的不合理價位，而後營運狀況持續虧損，92年更創下大虧36.65億元，每股虧損達10元的紀錄，而財務上十分不透明。

資料來源：Yahoo！奇摩

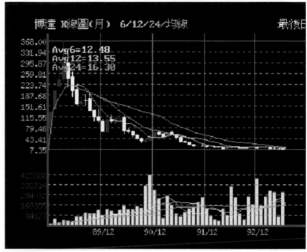

2 內部人持股比例不高

包括經理人、董監事持股比例並不高，董事長葉素菲個人持股約1成外，其他董監事持股均不多，大多數經理人到93年5月時，股份只有5000至10000股，財務主管、會計主管兩人持股是零，顯示公司主要經營群信心不足。在93年3月16日時，博達一位經理人葉懿慧手中持有103193股博達股票，向台灣證券交易所申報轉讓13000股，也就是幾乎將手中博達股票全數出脫，更是讓人「一葉知秋」，博達經營已經出現相當嚴重的問題。

3 持續成立新的轉投資公司

博達運用資金轉投資多家公司，包括百特積體電路、尚達積體電路等，均全面虧損，使得母公司也受拖累。

4 會計師事務所及經理人持續更換

會計師事務所在93年初由安侯換眾信勤業，而相關經理人近年來都經常有變動，公司營運可說是十分不穩定。

4

操作秘笈

策略一：長線投資法

長期投資一直是被許多投資大師認為是最好的投資策略，如果以台塑、南亞的股票而言，30年前開始買進的投資者，不管股票漲跌都不賣出時，獲利都是以百倍計，各項證券研究報告也均顯示，持有好股長期投資是最佳的投資策略。

長期投資法的優點

1 長期投資的交易成本最低

以台灣股市而言，是一個最適合股票長期投資的市場，如果買進一檔股票而不賣出，除了必須繳納第一次買股票的0.1425%的手續費外，不用支付其他成本，持股成本十分低廉。相較於買房子的房屋稅和地價稅、車子的牌照稅等每年必須支付的稅金來看，台灣股市是世界少數不用繳納證券交易所得稅的股市，長期持股人將累積配股一次賣出時，不用繳納交易所得稅，就稅負觀點而言，台股對長期投資者十分有利。

2 長期投資者可透過配股降低成本

經營績效良好的公司每年都會發放股票股利及現金股息，以台塑集團為例，旗下台塑、南亞及台化等公司長年股利都在2元左右，且經常有1元以上的股票股利（派股利10%以上），如果以派股率10%計算，約7年後股票就增加1倍，投資人如果以每股50元買進1張台塑股，由於股票股利持續增加，7年後就變成2張台塑股，每股持股成本降為25元（5萬元÷2張）。

3 長線投資人不用太為股市波動傷神

長線投資人如果看好某個產業未來10年甚至15年的走勢,買入產業龍頭股等待長線的回收,中間每一個波段的回檔對他意義不大,因為他放長線要抓最後的大魚,不必為股價短線漲跌煩心。

實例說明

假設林智鈴於民國82年分別各買進1張台塑、中鋼、台積電、鴻海及台達電,期間不曾出售,經過10年的配股分紅,到了93年,他投資的成本如下:

股票名稱	93年 持股總數	10年間現金 股利(元)	10年前買進 成本(元)	目前持股 成本(元)
台塑	2340	15,416	50	14.77
中鋼	1332	17,718	20	1.71
台積電	21071	11,080	60	2.32
鴻海	14266	70,709	70	0
台達電	4830	44,424	45	0.119

計算公式

目前每股持股成本=(買進成本-已回收現金股利)÷10年前成本價

以台塑股票為例,每股持股成本如下:
(50,000元買進成本-15,416元回收現金股利)÷2340總持股數=14.77元

鴻海10年前林智鈴以每張7萬元取得股票,10年來現金股息已全部回本,多出的持股完全無成本。

長期投資法的缺點

1

能夠長期表現傑出的公司鳳毛麟角，許多公司經營不到10年就倒閉了，能夠在10年前預見台積電、鴻海會出現如此傲人成績的不多，就算是台積電董事長張忠謀、鴻海負責人郭台銘也可能預料不到是如此一番局面。

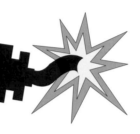

2

長期投資過程中，有時會因為個人其他的財務因素必須挪用資金，使得長期投資的效果難以持續。

雖然長期投資仍有一些缺點，但仍是瑕不掩瑜，如果能觀察出一檔未來10年的「鴻海股」或「台積電股」，只要很小的本金投入，你的下半輩子退休金就不用愁了。

策略二：活用融資融券信用交易

投資人除了使用自有資金買賣股票外，證券金融業者也提供融資融券的服務。投資人可以運用融資融券來降低投資成本，增加投資報酬率。

1 運用財務槓桿賺取倍數利潤

如果以一檔股票每股50元，投資人買進1張現股時必須支付5萬元現金，但是如果採取以融資方式買進時，就只須支付4成，也就是2萬元的現金，如果這檔股票在買進後上漲10元，所產生的財務效果如下：

現股	融資
成本5萬元	成本2萬元

股票上漲10元獲利1萬元

獲利20%	獲利50%

就同樣買進一檔股票上漲而言，融資買股的投資者獲利明顯優於以現金買股者。

2 可以擴張投資能力

投資人在看對行情，且對個股走勢有信心時，融資可以將投資效果擴大，現股500萬元的投資，融資時只要200萬元就可持有相當的股票，一旦股票上漲時，可以獲得較大的利潤，活用融資的投資人，資產成長的速度會比買進現股的投資人來得快。

融券交易用在看壞個別股票時，也就是預期個股將下跌時採取的操作策略。

融資的風險

1 股票反轉下跌時虧損大

融資買股的人是看好股票有漲升的機會，不過一旦看錯行情時，損失就會更大，以前例而言，如果股票下跌10元，則買現股的投資人只有虧損1萬元，虧損比例只有2成，但融資的投資人就虧損了5成，損失就十分可觀。

2 必須支付融資利息

由於融資買股是向證券金融公司借款投資股票，因此必須支付融資利息，一般融資利率並不低，目前約為年息6.5%，投資人如果長期進行融資交易，將支付可觀的利息費用。此外，如果股票走勢不振，持續下跌時，則投資人不僅要賠股價差額，還要損失融資利息，可說是「賠了夫人又折兵」。

融資賣股時⋯ +

虧損價差　　　　　　　利息

【 融券的獲利 】

1 股票下跌的利潤

如預期一檔股票將下跌時，可以先借券賣出，投資人必須準備這檔股票9成的融券自備款，如果這檔股票每股50元融券後，持續下跌至40元時回補，投資人就可以賺到融券的利潤。

融券的報酬率
＝下跌價差÷融券自備款＝（5萬元－4萬元）÷（5萬元×90%）＝22.22%

2 融券利息的收益

融券等於是將資金貸予證券金融業者，因此可以取得一筆利息收入，這筆利息收益金額不大，利率水準因券商訂定而異，目前大約都在年息0.5%左右。當融券標的一如預期下跌時，投資人除了股票下跌的利得外，還可以賺到一筆小額融券利息收益。

【 融券的風險 】

1 股票上漲的風險

融券的投資人是看壞行情、預期股票下跌，如果股票不跌反漲時，就要承擔損失；如果一檔股票投資人在50元融券，但股價逆勢漲到60元時，投資人就損失了1萬元。

2 到期回補的風險

在股東常會召開前及發放股利的除權除息日前，融券投資人都必須回補股票，因此看壞股票後市時，由於面臨有回補的必要，操作上有一定的風險；部分公司融券過多時，大股東或市場主力也大舉軋空，使得融券投資人在回補到期日前被迫以高價回補，因而產生嚴重損失。

策略三：短線差價交易

短線投資者不相信長期持股的看法，他們要在一小段時間裡，賺取股價受到本身營運或外界波動所產生的差價。短線投資人要的是股價漲升的差價，長線投資人則是期待穩定良好的股利股息發放。

短線差價交易的優點

1 對於短線投資人而言，賺取股票上漲差價是主要的投資方式，透過相關的指標確認後，他們會以低買高賣方式賺取差價，如何實現股票差價才是考慮的重點。

2 在股票市場中有時短線交易的利潤遠大於領取股息、股利，使得短線差價顯得格外迷人。

3 因為長期投資股票的結果，只有少數公司能帶來好的報酬。所以，短線差價交易的投資人重視現實的利差，他們希望經由一次又一次的差價交易賺取利得。

實例說明

如果以台塑股票每股50元，每年配發2元股息，長線投資人期待的是每年2元的分紅利益；但對於短線投資者而言，如果台塑股票漲停板為53.5元，此時股票差價是3.5元，短線操作人寧可賣出獲得差價，而非等來年的股利。

《 過度使用差價交易的缺點 》

1 過度使用差價交易策略，使得必須繳付的交易成本居高不下，每次買賣間的交易成本是0.585%，如果1年間超過170次買賣交易，原始的投資本金已全部由證券商及政府賺走了。因此，每天交易的投資人中，有些人最後不是輸在股價上，而是賠在看來不起眼的交易費用上。

$$
\begin{array}{l}
\text{買進手續費 } 0.1425\% \\
\text{賣出手續費 } 0.1425\% \\
+\quad \text{交易稅} \qquad 0.3\% \\
\hline
\qquad\qquad\quad 0.585\%
\end{array}
$$

2 太密集的進出股票，反而錯失一些股票大漲的時機，差價交易者可能買對股票，也買到低點，但可能每股賺到2、3元就出場，隨後可能來一波20元到30元的大漲行情，由於過度密集操作反而錯失。

投資人最好以中、長期投資為主，短線投資為輔，這樣比較能享受股市投資的樂趣。

3 一般而言，只要投資時間拉長5至10年，統計顯示很少短線投資人能打敗中、長期抱對股票的投資者。

如何選定股票及價位區？

所謂決定買進的價位區間，就是股票一旦回跌到某個價位區就開始買進，如果你手上買股的資金充裕，在價位區內就可以逢低持續增加持股。舉例來說，林智鈴認為友達股票未來展望不錯，民國93年5月除權後一路下跌，她準備了22萬元並鎖定友達股票只要跌破52元他就買進。後來，友達股票由於受到市場雜訊來襲，使得股價一路下跌，到了6月中旬跌到52元以下，林智鈴開始著手買進，於是她分別在每股52元、50元、49元及48元買進4張友達股票。

策略四：小金額投資法

對於股市新手或是收入不多的上班族而言，可以投資資金不多，如何善用投資資金買賣股票獲利，一般投資專家建議小額投資人可使用下列常見的交易策略：

機械式操作法

當股票下跌時加碼數量持續增加，股價上漲時加碼張數持續減少，一方面可以降低投資成本，同時也可不受外在股市波動影響，也就是不帶感情的買股方式，因此這種操作法被稱為機械式操作法。

實例說明

小劉想買中華映管股票，但不想一次投入全數資金，因此先將手上的資金以17元買入華映股10張，並以每1元為單位向上或向下加碼。

在股票盤局（即每日漲跌幅度只有不到1%的小漲小跌局面）時，此種投資布局有利，且能理性控制投資成本，對於不願意一次將資金全數投入的投資人而言，是一種相當理想的投資方式。

小劉採用機械式操作法，當華映上漲時，越往上加碼數減少，當上漲1元時加碼8張，漲2元時加碼6張，漲3元時加碼4張，漲4元時加碼2張，當漲過4元時表示股票超漲明顯，不再繼續加碼。

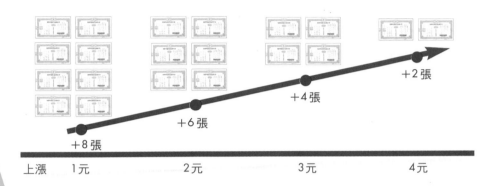

同樣地，當華映股價下跌1元時加碼2張，下跌2元時加碼4張，下跌3元時加碼6張，下跌4元時加碼8張，也就是股價一路下跌時一路加碼，一路加碼使得股票投資成本持續下降；當跌破4元時顯示這市場短期內極弱勢，小劉不再加碼，適度控管資金風險。

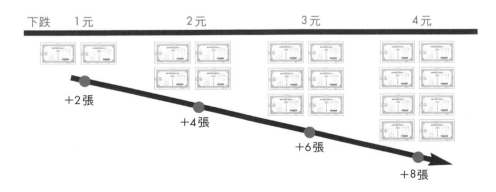

定期定額買股法

投資人選定前景看好的投資標的，以資金累積至一定金額後，定期買進一檔股票，將股票當成一種長期儲蓄的資產來持有。

實例說明

剛出社會的小李月薪只有3萬元，扣除生活費用後大約只有1萬元能買股票，因此他鎖定2萬元以下的股票，以每2個月買1張股票的方式買進持有。此時，小李看好金融股中的竹商銀長期營運穩健，因此以竹商銀為目標，每2個月買進1張。

股票名稱	買股日期	價位（元）／股
新竹商銀	2/10	18.1
新竹商銀	4/10	19.0
新竹商銀	6/10	17.5
新竹商銀	8/10	16.0
新竹商銀	10/10	17.0
新竹商銀	12/10	18.0

最後平均價：
每股平均購進成本是17.6元

定期定額買股法是單純有效的股票投資方法，但必須持之以恆才能看到成效，且一開始必須精選股價明顯偏低的股票，才能產生良好的投資效益。

定值買股法

進行定值買股法的投資人，一次買進一定市值的股票，當手上股票一段時間後大漲時，他將部分股票出售，維持原來的股票市值；但如果股票在一段時間大跌時，他會買進股票，讓股票返回到原來的市值。

實例說明

老張認為目前的股票市價位合理，因此在2月10日投入100萬元資金全數買股，買進包括中信銀、友達光電、台塑、台積電等股票，老張以每3個月為期，只要股票超越此市值就賣出獲利，讓總市值降回100萬元，一旦股票市值跌破100萬元他就買進更多股票，讓市值回升至100萬元。

5月10日時，老張手中股票上漲增值至150萬元，老張出售股票賺取50萬元利潤，手上持股市值仍維持100萬元。

股價上漲時…

| 150萬元 | 50萬元 | 100萬元 |

8月10日時，老張手上股票下跌至總值80萬元，老張就從市場加買20萬元，讓股票市值回到100萬元。

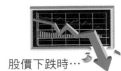
股價下跌時…

| 80萬元 | 20萬元 | 100萬元 |

定值買股法適合對大盤有研究，且工作一段時間有些積蓄的投資人，也就是達成在低檔一次買進的效果，但如果買進後股市一路走跌，定值買股法仍有一定風險。

策略五：參與除息除權操作法

有些投資人會利用每年上市上櫃公司除權、除息或辦理現金增資前，尋找成長潛力好、未來可能填權、填息的股票，或者可能會為現金增資而拉抬股票的公司，藉此賺取所謂增資除息的短期行情。

運用時機

1 看好個股的後市不錯，想參加分股配息同時賺取價差。

2 市場出現多頭行情時，多數股票配股後能填權填息。

上市公司即將除權股票				每 千 股	
停止過戶期間	過戶地點	股　票	除　權交易日	無償配發	有發行價
7/22-7/26	公司股務科	台　郡	7/27	120股	-
7/22-7/26	大華證券	亞　翔	7/27	200股	-

上市公司即將除息股票					
最後過戶日	過戶地點	股利發放日	股　票	除　息交易日	每股現金股利(元)
7/21	公司股務科	8/24	亞　翔	7/27	2.00
7/21	大華證券	-	大　毅	7/28	1.20
7/21	群益證券	8/19	中華化	7/28	0.30
7/21	元京證券	9/10	裕　隆	7/28	2.35
7/21	建華證券	8/30	同　開	7/28	0.70
7/21	建華證券	-	美利達	7/28	0.50
7/21	台証證券	8/13	東　和	7/28	0.70

實例說明

小美看好明基電通的後市，決定參與明基的92年除息除權行情，明基在民國93年6月17日辦理除息除權交易，含權1元及含息2元，明基除權參考價為35.1元，除權前收盤價為41.2元，權值達6.1元。

第104～107頁有詳細除息除權交易說明。

小美認為明基電通後市看好，因此以6月16日的明基收盤價42.1元買了1000股明電，並參加除息除權，領取了100股的股票股利及2,000元的現金股利。

明基電通除息除權交易日表現亮眼，除息除權交易日就以漲停板37.5元開盤
除權參考價35.1×1.07＝37.5元

小美領到了2,000元現金股息後，持股成本降為39,200元
41,200－2,000＝39,200元

因為增加100股股票股利，持有明基總股數變成1100股

小美新的明基股票市值＝37.5元×1100股＝41,250元
以除權後股價售股獲利
＝新市值－新的持股成本＝41,250元－39,200元＝2,050元

參與除息除權操作法的風險

1 在空頭市場時，許多股票除息除權後處於貼息貼權狀態，投資人參與配股無利可圖。

2 公司大股東為了節稅需要，有時會在除權除息前出售股票，使得除權除息前股價下跌，除息除權買股反而遭套牢。

錢滾錢系列1
股市獲利一日通

2005年1月初版　　　　　　　　　　　　　　　定價：新臺幣280元
2009年6月初版第八刷
有著作權・翻印必究
Printed in Taiwan.

著　　者	許　啓　智
發 行 人	林　載　爵
叢書主編	顏　惠　君
校　　對	呂　佳　真
	李　淑　芬
美術編輯	葉　冰　婷
封面設計	簡　至　成
插　　畫	得人漁夫
	葉　安　如
封面攝影	朱　逸　堅

出　版　者　聯經出版事業股份有限公司
地　　　址　台北市忠孝東路四段５５５號
總　經　銷　聯合發行股份有限公司
發　行　所：台北縣新店市寶橋路235巷6弄6號2F
　　電話：（０２）２９１７８０２２
台北忠孝門市：台北市忠孝東路四段５６１號１F
　　電話：（０２）２７６８３７０８
台北新生門市：台北市新生南路三段９４號
　　電話：（０２）２３６２０３０８
台中分公司：台中市健行路３２１號
暨門市電話：（０４）２２３７１２３４　ext.5
高雄辦事處：高雄市成功一路363號2F
　　電話：（０７）２２１１２３４　ext.5
郵政劃撥帳戶第０１００５５９－３號
郵撥電話：　２７６８３７０８
印刷者　文鴻彩色製版印刷有限公司

行政院新聞局出版事業登記證局版臺業字第0130號

本書如有缺頁，破損，倒裝請寄回聯經忠孝門市更換。　ISBN　978-957-08-2790-3 (平裝)
聯經網址 http://www.linkingbooks.com.tw
電子信箱 e-mail:linking@udngroup.com

國家圖書館出版品預行編目資料

股市獲利一日通／許啓智著．
--初版 . --臺北市：聯經，2005年
200面；17×23公分 .（錢滾錢系列；1）
ISBN　978-957-08-2790-3(平裝)
〔2009年6月初版第八刷〕

1.證券　2.投資

563.53　　　　　　　　　　　　93022181